Arena-Taschenbuch
Band 50025

Von Auguste Lechner sind als Arena-Taschenbuch erschienen:
Die Nibelungen (Band 50022)
Die Abenteuer des Odysseus (Band 50023)
Parzival (Band 50024)
Aeneas (Band 50200)
Herkules (Band 50201)
König Artus (Band 50202)

Auguste Lechner (1905–2000) ist Österreichs Staatspreisträgerin. Mit ihren Büchern erschließt sie der Jugend einen Zugang zur Sagenwelt. Ihr Gesamtwerk wurde mit dem »Europäischen Jugendbuchpreis« ausgezeichnet.

»Die Art, wie Auguste Lechner die uralten Sagen neu gestaltet und herausgegeben hat, ist hervorragend. Man spürt den Menschen dahinter, der unseren Jugendlichen etwas von dem vermitteln will, was die Geschichte ausdrückt: die Erlösung durch die Menschlichkeit.«

Schweizerische Lehrerzeitung, Zürich

ILIAS

Auguste Lechner

Der Untergang Trojas

Neu überarbeitet und mit einem Glossar versehen
von Friedrich Stephan

Informationen zu Unterrichtsmaterialien unter
www.arena-verlag.de

Überarbeitete Neuausgabe
8. Auflage als Arena-Taschenbuch 2016
Lizenzausgabe der Verlagsanstalt Tyrolia GmbH, Innsbruck
© 1977 Verlagsanstalt Tyrolia GmbH, Innsbruck
Neu überarbeitet und mit einem Glossar versehen von Friedrich Stephan
Umschlaggestaltung: Frauke Schneider unter Verwendung einer Abbildung
einer Statuette eines griechischen Kriegers © akg
Umschlagtypografie: knaus. büro für konzeptionelle
und visuelle identitäten, Würzburg
Gesamtherstellung: Westermann Druck Zwickau GmbH
ISSN 0518-4002
ISBN 978-3-401-50025-6

www.arena-verlag.de
Mitreden unter forum.arena-verlag.de

Was in diesem Buch erzählt wird, hat sich der Sage nach zugetragen in einer Zeit vor drei oder vier Jahrtausenden, als in den Ländern rings um das Mittelmeer und auf den Inseln, in Kleinasien, Griechenland und Italien, auf Sizilien und Kreta uralte Völkerschaften wohnten, die eine hohe Kultur und unvorstellbaren Reichtum besaßen.

Von ihrer Kultur zehren wir heute noch und von ihrem Reichtum geben die Funde Zeugnis, die unsere Archäologen aus tiefen Erdschichten, aus den Ruinen zerstörter Tempel und aus den verschütteten Räumen zertrümmerter Paläste ans Licht gebracht haben.

Wie immer seit Anbeginn der Menschheitsgeschichte wurden auch in jener grauen Vorzeit Kriege um Macht und Reichtum geführt.

Eine der reichsten und mächtigsten Städte war damals Troja, das in Kleinasien nahe der Küste auf einem Hügel lag, der Hissarlik heißt. Es wurde im Lauf seiner Geschichte neunmal zerstört und wieder aufgebaut.

Was geschah, ehe die berühmte Stadt unterging, erzählt der griechische Dichter Homer (etwa um 800 v. Chr.) in der großen Dichtung, die wir »Ilias« nennen.

Sie ist eines der drei gewaltigen Heldenlieder der Antike: »Ilias«, »Odyssee« und »Aeneis«, deren gemeinsamer Ursprung der »Trojanische Krieg« ist.

Die drei Dichtungen enthalten nicht nur eine ungeheure Fülle von Abenteuern und Heldentaten, sondern sie geben, einander ergänzend, ein großartiges Kulturbild jener Zeit und der Völker im Mittelmeerraum.

In gewisser Weise sind sie fast untrennbar miteinander verbunden. Die »Ilias« schildert die stürmischen und sich überstürzenden Ereignisse vor dem Untergang der stolzen Stadt, die »Odyssee« und die »Aeneis« schließen unmittelbar an.

In der »Odyssee« werden die ungeheuerlichen Erlebnisse des Königs Odysseus von Ithaka und seiner Gefährten erzählt, die nach der Eroberung und Zerstörung von Troja über das Meer heimfahren wollen.

Die »Aeneis« berichtet, wie durch List die besten Helden der Achaier im Bauch des berühmten »Trojanischen Pferdes« in die Stadt gelangen und ihren Untergang herbeiführen und wie dann Aeneas die überlebenden Troer fortführt, um eine neue Heimat zu suchen. Nach unendlichen Gefahren und Abenteuern gründen sie Rom.

Dieselben Helden kämpfen und handeln in »Ilias« und »Odyssee« und zum Teil selbst in der »Aeneis«, obgleich ihr Verfasser nicht Homer ist, sondern der römische Dichter Vergil.

Priamos, Hektor, Paris, Aeneas sind die berühmten troischen Namen. Agamemnon, Menelaos, dem Paris seine Gemahlin geraubt hat, Achilleus, Nestor, Odysseus, Patroklos, Diomedes, die beiden Ajax und viele andere begegnen uns im Heer der Achaier.

Auch die Welt der Götter ist in den drei Werken dieselbe. Sie wohnen auf dem Berge Olympos. Zwar sind sie unsterblich, aber im Übrigen haben sie manche recht menschliche Eigenschaften und greifen aktiv in die kriegerischen Auseinandersetzungen ein.

Sie besitzen viel Macht über die Sterblichen und nützen sie mit großer Willkür. Jedoch sind auch sie dem Schicksal unterworfen und können trotz ihrer Parteinahme für die eine oder andere Seite letztlich den Ausgang des Krieges nicht entscheidend beeinflussen.

1 Es war ein Tag im zehnten Jahr der Belagerung von Troja. Es hatte keinen Kampf gegeben an diesem Tag. Im Lager der Achaier herrschte das gewohnte Treiben, draußen vor der Küste schaukelten die Schiffe kaum merklich, denn auch das Meer war ruhig.
Die Stadt droben schien in tiefem Frieden zu liegen. Aber ringsum auf Mauern und Türmen standen die Wächter und ließen die Feinde nicht aus den Augen.
Dem Lager gerade gegenüber befand sich das gewaltige skäische Tor, das bis zu diesem Tag allen Angriffen widerstanden hatte.
Auf dem Turm, der es überragte, erschien zuweilen einer der troischen Heerführer. Man konnte sie vom Lager aus deutlich erkennen. Da war Hektor, der älteste Sohn des Königs Priamos, der berühmteste Held der Troer; Aeneas, den man »Sohn der Göttin« nannte, denn seine Mutter war Aphrodite. Umgeben von seinen Räten, kam der König selbst, dessen Haar und Bart schneeweiß waren und dessen Würde auch die Achaier bewunderten.
Manchmal stand Paris da droben; Paris, der schön war wie ein Gott und der die Schuld an diesem Krieg trug: Denn er hatte Helena geraubt, die Gemahlin des Königs Menelaos von Lakedaimon.
Darauf waren Menelaos und sein Bruder Agamemnon, die Atreussöhne, mit vielen anderen achaischen Fürsten über das Meer gefahren, um Rache zu nehmen und Helena zurückzuholen.
Freilich war da noch eine andere Verlockung: Trojas ungeheurer Reichtum.
Aber was half es, dass man sich Wunderdinge von den Schätzen in Tempeln und Palästen erzählte, wenn man nach zehn Jahren immer noch draußen vor den Mauern lag?
Die Heerführer wussten wohl, dass die Krieger murrten und dass viele von ihnen längst gerne heimgekehrt wären. Allein, wie

konnte man nach so langer Zeit und so vielen Kämpfen sieglos heimkehren?

Wie ein böses Gespenst schlich die Unzufriedenheit durch das Lager und die Besorgnis der Führer wuchs.

Darum hatte Agamemnon für diesen Abend die Fürsten zur Versammlung berufen. Man musste beraten, was zu tun war.

Als die Sonne westwärts im Meere versank, waren sie alle da: denn sie wussten, dass es ernst geworden war. Auf dem flachen Hügel am Rande des Lagers saßen sie im Kreise, jeder auf dem Sitz, der ihm seinem Stand nach zukam. In der Mitte Agamemnon, der König und Oberbefehlshaber des ganzen Heeres.

Zu seiner Linken hatte sein Bruder Menelaos Platz genommen, zur Rechten Nestor, der König von Pylos, alt, weise und gütig; neben ihm saß Achilleus, der Myrmidonenfürst, der beste Kämpfer der Achaier, der Abgott des Heeres; an seiner Seite wie stets sein Freund Patroklos; man sagte von ihnen, jeder ließe sich für den anderen ohne Zaudern in Stücke hauen. Diomedes war da, ebenso klug wie tapfer, der Schrecken aller Feinde; Ajax, der Große, und Ajax, der Lokrer, beide gleich berühmt, Meister im Speerwurf und gefürchtet im Zweikampf. Odysseus, der König von Ithaka, unübertrefflich an List und klugem Rat; Idomeneus, der König von Kreta, und viele andere. Auch Priester, Seher und Traumdeuter waren geladen, sollte man etwa ihrer Dienste bedürfen.

Agamemnon erhob sich. Er blickte sich um und sah, dass kein Platz leer geblieben war.

»Edle Fürsten, ihr wisst, warum ich euch zum Rate geladen habe«, begann er.

Aber er konnte nicht weitersprechen und zu dieser Ratsversammlung sollte es niemals kommen.

Denn von einem der Schiffe, die draußen vor der Hafeneinfahrt lagen, scholl in diesem Augenblick der laute lang gezogene Ruf eines Wächters.

Verwundert wandten die Fürsten sich dem Meere zu. Ein kleines Schiff mit einem dunklen Segel fuhr langsam, ganz nahe an der Küste entlang, auf die Schiffe der Achaier zu, die, eines neben dem anderen, wie riesige schwarze Ungeheuer mit dem Rumpf hoch aus dem seichten Wasser ragten.

Das kleine Schiff konnte nicht weit über das Meer gekommen sein.

Auch war auf dem Deck niemand zu sehen außer ein paar Ruderknechten und einem einzelnen Mann, der vorne an der Brüstung stand und zum Ufer herüberblickte.

»Es wird ein Bote sein«, sagte Ajax, der Lokrer. »Aber woher mag er kommen, mit diesem gebrechlichen Kahn?«

Nestor schüttelte den Kopf. Seine alten Augen konnten sehr weit sehen. »Es ist ein Priester!«, sagte er. »Ich erkenne die Binde um seine Stirn und den goldenen Stab.«

Agamemnon runzelte die Brauen. »Was kann ein fremder Priester bei uns wollen?«

Jetzt stand Achilleus langsam auf und trat neben den König. Sein Gesicht hatte einen sonderbaren Ausdruck.

»Ich will es dir sagen, Atride«, sprach er. »Der Mann dort ist jener Priester Apollons, dessen Tochter dir als Beute zugesprochen wurde! Entsinnst du dich? Als wir die kleine Stadt Chrysa, die nordwärts von hier an der Küste liegt, fast ohne Schwertstreich erobert hatten, da ließest du dir die schönsten Mädchen vorführen und die Allerschönste wähltest du für dich aus. Das war dein gutes Recht: Denn du bist der König. Aber zum Unglück war dieses Mägdlein die einzige Tochter des Priesters. Ich wette, nun ist er gekommen, sie zurückzuholen!«

Agamemnon hatte ihm mit einem zornigen Blick den Kopf zugewandt. Sein dunkles Gesicht war hart und voll Hochmut. »So ist er vergebens gekommen!«, sagte er nur.

Einen Augenblick standen die beiden Männer einander schweigend gegenüber. Sie waren wie Tag und Nacht: der strahlende helläugige Achilleus, dem das blonde Haar lang über den Nacken fiel, und der dunkelhäutige Atreussohn mit den wilden schwarzen Locken.

Es hatte niemals Freundschaft zwischen ihnen gegeben und manchmal schien es, als hassten sie einander.

Die Männer auf dem Hügel beobachteten unterdessen neugierig, wie das kleine Schiff auf die Küste zusteuerte, wie das Segel eingezogen wurde und der Kiel sich knirschend in den Ufersand bohrte.

Die Ruderknechte legten eine schmale Brücke aus und der Fremde stieg ein wenig mühsam an Land. Er schlug sogleich den Pfad ein, der auf den Hügel führte.

Droben waren die Fürsten jetzt ganz still geworden. Es war ein beklommenes Schweigen, als käme mit dem fremden alten Mann Unheil auf sie zu.

Agamemnon zuckte zusammen, als sich eine Hand auf seine Schulter legte. »Denke daran, dass das Mägdlein sein einziges Kind ist«, sagte Nestors freundliche Stimme leise neben ihm.

Agamemnon antwortete nicht: denn der Fremde war schon ganz nahe herangekommen.

Jetzt blieb er stehen; sein Atem keuchte ein wenig, gewiss war er bei seinem Alter und in seiner Besorgnis zu schnell den Hang heraufgestiegen.

»Ich grüße dich, König Agamemnon, und euch, ihr Fürsten«, sagte er hastig, als schwanke er zwischen Furcht und Hoffnung. »Mögen

die Götter euch den Sieg verleihen und euch eine glückliche Heimkehr schenken! Dich aber, edler Atride, bitte ich: Gib mir meine Tochter zurück! Du sollst Lösegeld erhalten, soviel du verlangst, denn sie ist die einzige Stütze und Freude meines Alters! Phöbos Apollon wird dir lohnen, was du an seinem Priester tust!«
Einen Augenblick schwieg Agamemnon. Sein Gesicht war unbewegt.
Er hörte die Fürsten ringsum reden: Ja, es wäre eine gute Tat, den Worten des Priesters zu entsprechen und so den mächtigen Gott zu ehren. Er sah in das kummervolle alte Gesicht, aber es rührte ihn nicht.
Er warf den Kopf in den Nacken mit der hochmütigen Gebärde, die alle an ihm kannten.
»Scher dich fort, Alter, und lass dich nie wieder bei unseren Schiffen blicken, wenn du heil davonkommen willst! Deine Tochter bekommst du nicht! Sie ist schön und versteht sich aufs Weben und andere kunstreiche Arbeit! Sie wird eine Zierde meines Palastes in Argos sein, wenn ich heimkehre!«
Das Gesicht des Priesters war weiß geworden wie die Binde um seine Stirn. Er wusste, es gab keine Hoffnung mehr für ihn. Verzweiflung ergriff ihn und ein furchtbarer Zorn. Er hatte sich schon umgewandt, um zu gehen. Aber er blickte noch einmal zurück in das erbarmungslose Gesicht. »Ja – wenn du jemals heimkehren solltest!«, stieß er hervor und begann, müden Schrittes den Pfad hinabzusteigen. In seinem Elend rief er Phöbos Apollon an: »Höre mich, Gott mit dem silbernen Bogen! Habe ich dir mein Leben geweiht, dir viele Opfer von Lämmern und jungen Ziegen gebracht, dir sogar einen Tempel gebaut – so räche mich jetzt an den Achaiern!«
Apollon sah seinen Schmerz und hörte seine Bitten. Auch zürnte

er Agamemnon, weil er seinen Priester so missachtete: Wohlan, er würde es büßen und die Achaier mit ihm. Und während das kleine Schiff durch die sinkende Dämmerung zurückfuhr nach Chrysa, begab sich der zürnende Gott vom hohen Olympos hinab zum Lager der Achaier. Nächtliches Grauen umgab ihn, über der Schulter trug er den silbernen Bogen und den verschlossenen Köcher mit den nie fehlenden Pfeilen.

Ein wenig entfernt von den Schiffen auf einem Hügel ließ er sich nieder. Er öffnete den Köcher, legte den ersten Pfeil auf die Sehne und schnellte ihn ab. Ein schrecklicher Klang scholl von dem silbernen Bogen, und wer ihn vernahm, dem wollte vor Entsetzen das Herz stillstehen.

Zuerst trafen die Pfeile Maultiere und Hunde: Sie stürzten nieder und verendeten.

Dann richtete der zornige Gott seine Geschosse gegen die Menschen.

Eine furchtbare Seuche brach über die Achaier herein. Tag und Nacht brannten die Totenfeuer rings um das Lager.

Neun Tage durchflogen Apollons tödliche Pfeile das Heer.

Von ihrem Palast auf dem hohen Olympos blickte Hera, Zeus Kronions Gemahlin, hinab auf die Erde und sah das Elend, das Apollon über die Achaier gebracht hatte, denen sie selber zugetan war. Und sie beschloss, ihnen zu helfen.

Achilleus ist der Liebling der Krieger: So will ich mich seiner bedienen!, dachte sie und lenkte sein Herz und seine Gedanken nach ihrem Wunsch.

So kam es, dass am zehnten Tage Achilleus eine Volksversammlung berief und zu den Fürsten und den Kriegern sprach: »Mir scheint, die Götter wollen uns verderben, denn Krieg und Seuche bezwingen selbst das stärkste Heer! So rate ich: Lasst uns heimkehren, sofern wir dem Tode entrinnen! Wir wollen aber zuvor noch den Seher befragen! Vielleicht, dass er uns sagen kann, welcher Gott uns so schrecklich zürnt und wie wir ihn etwa versöhnen können!«

Er winkte Kalchas, dem berühmten Vogelschauer, dem Apollon die Gabe verliehen hatte, Vergangenes, Gegenwärtiges und Zukünftiges aus dem Flug der Vögel und anderen Zeichen der Götter zu deuten.

Aber Kalchas schien nicht froh über den Auftrag. Er sah sehr besorgt aus, als er zu reden begann. »Edler Pelide, ehe ich euch die Wahrheit verkünde, sollst du mir etwas versprechen. Ich fürchte, mein Spruch wird einem Mächtigen unter euch nicht gefallen. Darum schwöre mir, dass du mich beschützen wirst: denn der schwächere Mann ist verloren, wenn ihm ein Stärkerer zürnt.«

»Du sollst keine Sorge haben!«, antwortete Achilleus. »Solange ich lebe, wird dir niemand ein Haar krümmen – und wäre es selbst König Agamemnon, dem dein Spruch missfällt!«, fügte er hinzu, wobei leichter Spott in seinen hellen Augen aufblitzte.

Kalchas amtete auf. »So hört mich an! Phöbos Apollon zürnt den Achaiern, weil Agamemnon seinem Priester die Tochter verweigert und ihn mit harten Worten fortgewiesen hat. Nicht eher wird das Verderben von uns genommen, ehe das Mägdlein ohne Entgelt dem Vater zurückgegeben ist und dem zürnenden Gott eine Sühnehekatombe dargebracht wird.«

Die Männer blickten einander betroffen an, als der Seher schwieg. Da und dort erhob sich Gemurmel.

Dann sprang Agamemnon auf. Seine dunklen Augen loderten vor Zorn. »Ei freilich, du Unglücksseher!«, schrie er. »Wie könnte es anders sein, als dass du mir die Schuld aufbürdest! Hast du mir etwa je Gutes geweissagt? Aber – mag es sein! Ich will nicht, dass die Achaier mich vorwurfsvoll ansehen! Darum gebe ich das Mägdlein zurück – jedoch stelle ich eine Bedingung. Es wäre ungerecht, stünde ich dann allein ohne Siegespreis da, während die übrigen Fürsten ihre schöne Beute behalten dürfen. So will ich mir eines der anderen Mägdlein auswählen, die euch als Ehrengabe zugesprochen sind!« Er schwieg einen Augenblick, dann wandte er sich langsam Achilleus zu und sah ihm gerade in die Augen. »Vielleicht werde ich sogar das deinige für mich nehmen, edler Pelide«, fuhr er fort, als sei ihm dieser Gedanke eben erst gekommen. »Ich habe gehört, Brisëis sei ebenso schön wie das Töchterlein des Priesters. Ja, wahrhaftig, ich glaube, ich werde meine Herolde senden und sie aus deinem Zelt holen lassen!«

Achilleus war kaum merklich aufgefahren; nur sein sonnengebräuntes Gesicht hatte ein wenig Farbe verloren. Als er sprach, klang seine Stimme ganz ruhig, aber es lag ein warnender Ton darin. »Du weißt, dass es nicht Sitte und eine Beleidigung ist, einem Krieger sein Ehrengeschenk fortzunehmen, König Agamemnon! Es würde dir und mir zur Schande gereichen, darum kann ich nicht glauben, dass du es tun wirst. Oder ist deine Habgier wirklich so groß? So will ich dir etwas sagen, Atride! Warte, bis wir Troja eingenommen haben, dann sollst du von den Schätzen des Priamos dreimal so viel erhalten wie wir alle. Genügt dir das nicht?«

Agamemnon warf ihm einen hinterhältigen Blick zu. »Darüber wollen wir später reden! Jetzt aber macht ein Schiff bereit und lasst die Tiere für das Sühneopfer bringen. Ich selbst hole das Mägdlein und einer von euch mag es nach Chrysa zum Vater geleiten. Vielleicht willst du es tun, Achilleus, damit du sicher sein kannst, dass ich mein Wort halte? Und gewiss gedenkst du, dich bei Phöbos Apollon in Gunst zu setzen, indem du ihm mit eigenen Händen das Opfer bringst!«; fügte er mit offenem Hohn hinzu.

»Hüte deine Zunge, König!«, rief Achilleus zornig. »Es steht dir nicht an zu spotten, denn nur deinetwegen und um deines Bruders willen bin ich hergekommen, weil Menelaos es nicht verstand, seine Gattin zu hüten, und dann nach Rache schrie. Die Troer haben mir nichts getan! Weder haben sie mir Rosse geraubt noch meine Städte zerstört oder meine Äcker verwüstet. Zwischen ihrem Land und dem meinigen liegen ja Meere und Gebirge. Jetzt aber höre mir gut zu, Atride! Ich habe es satt, für dich Städte zu erobern und dir die Beute zu Füßen zu legen, um mich dann von dir verhöhnen zu lassen! Ich werde nicht um Brisëis kämpfen, weder mit dir noch mit irgendjemandem sonst. Nein, ich werde heimkehren in das Land der Myrmidonen. Dann magst du nach mir rufen, wenn deine Krieger vom Kampfe ermattet sind, damit ich ihnen Mut einflöße. Aber ich werde nicht mehr da sein!«

Agamemnon erschrak. Er wusste, was diese Drohung bedeutete, obgleich er es sich selbst kaum einzugestehen mochte. Aber er hatte es hundertmal zähneknirschend mit ansehen müssen: Wenn die Achaier mutlos und der endlosen Kämpfe müde waren und kaum noch Widerstand zu leisten wussten – da brauchte Achilleus nur zu erscheinen, auf seinem Kampfwagen mit den zwei weißen Hengsten, in der silbernen Rüstung und dem funkelnden Helm und mit diesem hellen Haar, das im Winde flog – da war es, als erwachten die müden Krieger. – Und, bei den Göttern, ich glaube, sie würden mit Achilleus selbst in die Finsternis des Hades hinabsteigen, dachte Agamemnon erbittert. Laut aber sagte er: »Deine Überheblichkeit kennt wahrhaftig keine Grenzen! Überschätze dich nur nicht zu sehr! Ich werde dich gewiss nicht bitten zu bleiben, wenn du gehen willst! Damit du jedoch endlich lernst, dich einem zu beugen, der höher steht als du, gebe ich jetzt sogleich Befehl, Briseïs aus deinem Zelte zu holen und in das meinige zu bringen!«

Da packte Achilleus ein entsetzlicher Zorn.

Seine Hand zuckte nach dem Schwert. Aber – er vermochte es nicht herauszuziehen! Denn in diesem Augenblick fühlte er, dass jemand hinter ihn getreten war und mit hartem Griff in sein Haar fasste. Langsam, als sei sein Nacken steif, wandte er den Kopf.

Es war eine seltsam undeutliche, fast schattenhafte Gestalt – aber als er in ihre schrecklich leuchtenden Augen blickte, wusste er sogleich, dass Pallas Athene vor ihm stand. Er wusste auch, dass niemand sie sehen konnte außer ihm: Denn dies war den Unsterblichen eigen. Seine Mutter, die Meernymphe Thetis, hatte es ihm erzählt.

»Wozu bist du gekommen, Göttin?«, murmelte er. »Willst du sehen, wie ich den Atriden erschlage?«

»Ich bin gekommen, deinen Zorn zu besänftigen«, antwortete sie. »Du wirst ihn nicht töten: denn dies ist nicht sein Schicksal. Gehorche den Göttern, Achilleus!«

Dann war sie fort.

Achilleus atmete tief auf und stieß das Schwert in die Scheide zurück. Er ergriff das goldene Zepter, das neben ihm auf dem Sitz lag, und trat auf Agamemnon zu. »Ich will dir einen Eid schwören, Atride«, sagte er kalt. »So wenig wie dieses Zepter jemals Blätter und Zweige treiben wird, so wenig werde ich jemals wieder für dich kämpfen – selbst wenn die Achaier scharenweise von dem schrecklichen Hektor und den anderen troischen Helden erschlagen werden. Dann wird der Gram dir die Seele zerfressen – mich aber wird es nicht kümmern.«

Achilleus irrte sich: Eines Tages würde der gleiche Gram auch seine Seele zerfressen. Aber das wusste er zu dieser Stunde noch nicht, in der nur der Zorn Macht über ihn hatte.

Er warf Agamemnon das Zepter vor die Füße und wandte sich zum Gehen.

Aber da trat ihm Nestor in den Weg. Er hatte zwei Generationen überlebt und das Alter hatte ihn Weisheit gelehrt. Wie kein anderer besaß er die Gabe der Beredsamkeit.

»Wehe, was tut ihr?«, sagte er sehr ernst. »Wie werden die Troer frohlocken, wenn sie erfahren, dass die achaischen Fürsten Streit miteinander haben! Ich bin so alt, dass ihr mir wohl erlauben mögt, euch einen Rat zu geben. Du, Atride, sollst Achilleus das Mägdlein nicht fortnehmen, denn du weißt selbst, wie viele Siege die Achaier ihm zu verdanken haben. Du aber, Achilleus, denke daran, dass Agamemnon der König des größten achaischen Reiches ist und dass ihr ihn darum zum Oberbefehlshaber des Heeres gewählt habt. Wir alle schulden ihm Achtung!«

»Du hast wahr gesprochen, edler Nestor«, stimmte Agamemnon eifrig zu. »Wenn die Götter dem Peliden auch einen starken Arm verliehen haben, so gibt ihm das kein Recht, mich zu schmähen und sich so hochmütig zu gebärden, als wären die Achaier ohne ihn verloren!«

Achilleus zuckte die Achseln. »Du hast meinen Schwur gehört. Nun tu, was du nicht lassen kannst.« Er wandte sich ab und ging fort, dorthin, wo die Zelte der Myrmidonen standen und ihre Schiffe am Ufer lagen.

Patroklos und die Myrmidonenkrieger folgten ihm sogleich.

Sorgenvoll blickte ihm Nestor nach. Es geschah selten, dass es ihm nicht gelang, zwei Gegner zu versöhnen. Aber diesmal – er sah Agamemnon an. »Lass dich warnen, Atride«, sagte er noch einmal. Aber der König schien ihn nicht zu hören. Auch er blickte Achilleus nach. Sein dunkles Gesicht war voll Hass.

Gleich darauf begann er, allerlei Befehle zu geben. Ein schnelles Schiff wurde ins Wasser gezogen, die Ruderer nahmen ihre Plätze ein, man brachte die Opfertiere auf das Deck. Odysseus erbot sich, das Schiff nach Chrysa zu führen.

Dann geleitete der König selbst das Mägdlein an Bord, genau wie er es versprochen hatte. Niemand sollte sagen, er habe sein Wort nicht gehalten!

Als der Kiel ins tiefe Wasser glitt und sich nordwärts drehte, wandte sich Agamemnon um. Einige der Fürsten waren ihm an den Strand gefolgt und auch eine große Menge Kriegsvolk.

»Ihr seht, Freunde, ich habe alles getan, um Phöbos Apollon zu versöhnen!«, sagte er so laut, dass es in weitem Umkreis zu hören war. »Und nun« – er winkte die beiden Herolde herbei, die auf seine Befehle warteten – »nun begebt ihr euch sogleich zum Zelte des Peliden und bringt mir Brisëis her.«

Die Herolde starrten ihn an. Sie konnten nicht glauben, dass er wirklich wahr machen wollte, was er Achilleus angedroht hatte.

»Habt ihr mich nicht verstanden?«, schrie der König, als er sah, wie sie zögerten. Da gingen sie.

Agamemnon hatte wohl gemerkt, dass die Fürsten einander unmutig anblickten und die Köpfe schüttelten. Auch die Gesichter der Krieger gefielen ihm nicht, diese einfältigen, verblüfften oder zornigen Gesichter! Freilich, sie wollten einfach nicht glauben, dass jemand ihrem Abgott Achilleus dies antun konnte!

Jedermann im Lager der Achaier kannte Brisëis. Sie hatten laut gejubelt, als das schöne Mädchen ihrem geliebten Helden zugesprochen wurde. Ja, Brisëis war schön, und wenn sie durch die Lagergassen ging, mussten die Krieger ihr nachsehen – ob sie wollten

oder nicht. Aber keiner hätte sich unterstanden, ihr ein Scherzwort zuzurufen oder gar eine Hand nach ihr auszustrecken. Sie gehörte Achilleus und Achilleus liebte sie. Auch das wusste jedermann im Lager. Und nun wagte es der König . . .
Sie vermochten es nicht zu begreifen. –
Die Schritte der beiden Herolde wurden immer langsamer, je näher sie den Zelten der Myrmidonen kamen.
Und als sie Achilleus neben Patroklos vor dem Eingang sitzen sahen, blieben sie stehen.
»Beim Hades, ich würde lieber dem Höllenhund die Zunge aus dem Rachen reißen, als Achilleus diese Botschaft zu bringen!«, sagte der eine zornig.
Der andere nickte bekümmert. »Ja, ich wage ihm gar nicht ins Gesicht zu sehen und gewiss werde ich kein Wort hervorbringen! Warte noch ein wenig, ich . . .«
Aber Achilleus hatte sie schon bemerkt. »Kommt näher, Freunde!«, sagte er. Seine Stimme klang fremd vor Traurigkeit. »Habt keine Furcht«, fügte er hinzu, »ich weiß, es ist nicht eure Schuld, sondern Agamemnons Befehl!«
Er wandte sich zu Patroklos. »Ich bitte dich, führe du Briseis heraus, denn ich . . . ich kann es nicht . . . du begreifst es gewiss . . .«
Patroklos legte ihm einen Augenblick den Arm um die Schultern, dann trat er ins Zelt.
Gleich darauf stand Briseis vor dem Eingang. Als er sie ansah, überkam es Achilleus abermals, wie schön sie war. Aber es war nicht Schönheit allein; vielleicht war es die Anmut ihrer Bewegungen oder ihr schimmerndes Haar oder die Lieblichkeit ihres Lächelns . . . er wusste es nicht.
Freilich, jetzt waren ihre Augen ganz dunkel vor Trauer. Sie wusste, was geschehen sollte, und sie hatte schon von Achilleus Ab-

schied genommen. Tränen und viele Worte geziemten sich jetzt nicht mehr für sie.

»Mögen die Götter dich beschützen!«, sagte sie nur leise. Dann ging sie, ohne sich noch einmal umzusehen, und die Herolde folgten ihr schweigend.

Als sie zwischen den Zelten verschwunden war, ging auch Achilleus fort.

Patroklos, der ihn so gut kannte wie niemand sonst, wusste, dass er allein bleiben wollte. –

Achilleus schritt hinab zum Meer und setzte sich auf einen Felsen am Ufer. Schmerz und Zorn überkamen ihn mit schrecklicher Gewalt und wollten ihm fast die Besinnung rauben.

»Mutter«, sagte er verzweifelt, »warum hast du mich geboren? Ein kurzes, aber ruhmvolles Leben haben die Götter mir verheißen: aber nun hat Agamemnon Kummer und Schande über mich gebracht.«

Drunten in der Tiefe hörte die Meernymphe Thetis die Klage ihres Sohnes. Sie stieg sogleich herauf, setzte sich neben ihn und ihre Hand strich sanft über seine Wange.

»Was quält dich, mein Kind?«, fragte sie mitleidig. »Sage es mir, vielleicht kann ich dir helfen!«

»Du weißt es doch, Mutter!«, antwortete Achilleus. »Den Unsterblichen bleibt ja nichts verborgen. Als wir Theben erobert hatten, führte das Heer mit der reichen Beute auch die schönsten Frauen mit sich fort. Unter ihnen befand sich Brisëis, die dem Thebanerfürsten Mynes zur Gattin bestimmt war. Aber ich erschlug ihn im Kampfe und die Achaier sprachen mir das Mägdlein als Ehrengabe zu. Nun hat Agamemnon sie mir genommen.« Er stockte, weil wieder der schreckliche Zorn in ihm aufstieg, der ihm die Kehle zuschnürte. »Ich hätte Agamemnon erschlagen, Mutter!«, stieß er hervor. »Doch Pallas Athene verbot es mir. So kann ich selber die Schmach nicht tilgen. Aber Zeus Kronion vermag es, wenn es sein Wille ist. Verstehe mich recht, Mutter! Ich fordere nicht als Rache den Untergang der Achaier: Ich will nur, dass Agamemnon mir meine Ehre und Brisëis zurückgibt. Und das wird er nur dann tun, wenn er sieht, dass ohne meine Hilfe die Achaier verloren sind. Ich habe geschworen, nicht mehr zu kämpfen. Wenn aber Zeus den Troern so lange Sieg verleiht, bis für unser Heer das Ende nahe bevorsteht, dann wird der Atride mich bitten müssen, ihm beizustehen, und dann wird meine Ehre wiederhergestellt sein. Ich weiß, du hast einmal Zeus Kronion vor großer Schmach bewahrt: Wenn du ihn anflehst, wird er sich nicht weigern, mir Genugtuung zu verschaffen!«

Ein leises Lächeln huschte über das Gesicht der Nymphe. »Es ist wahr«, sagte sie, »damals, als die anderen Götter sich gegen Zeus empörten und Hera sich heimlich mit Pallas Athene und Poseidon verschwor, ihn zu fesseln und ihn so ohnmächtig dem Gespött der Unsterblichen preiszugeben, da war ich die Einzige, die auf seiner Seite stand. Ich rief Briareus, den hundertarmigen Riesen, aus der Unterwelt heraus und er setzte sich neben Zeus Kronion. Da erschraken selbst die Götter und verzogen sich eilig aus seiner Nähe. Aber du hast recht, vielleicht kann uns das nützen. Ich will es gern versuchen, nur müssen wir ein wenig Geduld haben, denn Zeus ist mit allen anderen Göttern zu den Aithiopen gereist, die den Unsterblichen ein großes Gastmahl bereitet haben. Es soll zwölf Tage dauern. Danach wird der Vater der Götter und Menschen wohlgelaunt zurückkehren: denn reiche Opfer pflegen ihn stets zu erfreuen. Dann ist die Zeit für uns günstig. Indessen halte du dich vom Kampfe fern und nimm auch nicht teil am Rate der Männer. Das wird Agamemnon in Sorge versetzen und er wird

nachzudenken beginnen, ob er recht getan hat. Lebe wohl, mein Sohn, in zwölf Tagen sehen wir uns wieder.« Sie glitt ins Wasser und tauchte hinab in die grüne Dämmerung, wo in der Tiefe der Palast ihres Vaters, des greisen Meergotts Nereus, stand. –
Die Tage schlichen für Achilleus mit unerträglicher Langsamkeit dahin.

Manchmal stand er lange auf dem Deck seines Schiffes und sah finsteren Gesichtes zu, wie die anderen kämpften, wie die Troer ihre schnellen Ausfälle machten, wie Hektor auf seinem Wagen mit den schwarzen Hengsten auf die Reihen der Achaier zujagte und seine mörderischen Lanzen schleuderte.

Dann biss er die Zähne zusammen. Nein, er würde keinen Finger rühren, sosehr es ihn auch nach Kampf gelüstete!

Zuweilen kam einer der anderen Fürsten in sein Zelt: aber keiner redete ihm zu; sie wussten, sein Zorn gegen Agamemnon war zu groß.

Odysseus kehrte aus Chrysa zurück und erzählte, wie er das Mädchen dem Vater übergeben habe. Sie hatten das Sühneopfer dargebracht und der Priester hatte zu Phöbos Apollon gebetet, dass er die Seuche von den Achaiern nehme.

Der Gott mit dem silbernen Bogen schien zufrieden zu sein: Im Lager der Achaier starb von dem Tage an niemand mehr an der Pest. –

Endlich, am zwölften Abend, erfuhr Thetis, dass die olympischen Götter zurückgekehrt waren.

Kaum stieg am nächsten Tage Eos, die Göttin der Morgenröte, am Himmel empor, da machte sich die Nymphe auf, um Zeus Kronion zu suchen. Sie fand ihn nicht in dem Palast mit den goldenen Säulen, wo die anderen Götter versammelt waren.

Da stieg sie hinauf zum höchsten Gipfel des Olympos. Dort saß er einsam und sah keineswegs wohlgelaunt aus. Seine Stirn war umwölkt und die dunklen Brauen waren grimmig zusammengezogen.

Wieder einmal, wie schon oft, dachte er mit Missbehagen an diesen elenden Krieg um Troja, der kein Ende nehmen wollte. Und das Übel war, dass er, der oberste der Götter, selber noch nicht einmal wusste, wem er den Sieg verleihen sollte – den Troern oder den Achaiern. Auch ärgerte es ihn, dass sich Phöbos Apollon, Hera und Pallas Athene immer einmengten, ohne sich um seinen Willen zu kümmern.

Thetis betrachtete ihn von ferne. Wehe mir!, dachte sie. Er scheint nicht fröhlich! Aber ich mag nicht unverrichteter Dinge zu Achilleus zurückkehren! Also will ich es wagen!

Sie nahm allen Mut zusammen und trat vor ihn hin. »Vater der Götter und Menschen«, sagte sie hastig, »willst du mir eine Bitte erfüllen? Nur du allein kannst es! Agamemnon hat meinen Sohn tödlich beleidigt! Nun bitte ich dich, verleihe den Troern so lange den Sieg, bis der Atride begreift, dass nur Achilleus die Achaier vor dem Untergang retten kann! Dann wird er ihm seine Ehre und das Mägdlein Brisëis wiedergeben, das er ihm genommen hat!«

Zeus fuhr so heftig auf, dass sie erschrocken verstummte. »Bist du auch noch gekommen, um mir von diesem Krieg zu reden?«, schrie er. »Ist es nicht genug, dass er immerfort Zwietracht stiftet zwischen mir und Hera und den übrigen Göttern? Du solltest lieber schleunigst wieder ins Meer hinabtauchen, denn wenn Hera dich sieht, wird sie sogleich argwöhnen, ich bespreche mit anderen Unsterblichen Geheimnisse, die ich vor ihr, meiner Gemahlin, der obersten der Göttinnen, verberge.« Plötzlich schien er sich zu besinnen. »Allerdings«, sagte er nachdenklich, »du hast mich einmal davor bewahrt, zum Gespött aller Bewohner des Olympos zu werden! Das will ich dir nicht vergessen. Deine Bitte ist also gewährt. Du weißt, wenn ich mein Haupt neige, so bedeutet dies ein unwiderrufliches Versprechen!«

Und er neigte sein mächtiges Haupt. Durch die Flanken des Berges ging ein Beben.

Frohen Muts begab sich Thetis hinab auf die Erde.

Zeus aber ging mit gewaltigen Schritten zu seinem Palast, wo ihn die anderen Götter erwarteten.

Hera empfing ihn sogleich mit spottenden Worten. »Ei, mein erhabener Gemahl, du beredest deine Pläne gewiss lieber mit dieser Nymphe Thetis, die doch nur eine der Geringsten unter den Unsterblichen ist, als mit mir? Hat sie dich etwa beschwatzt, den Troern beizustehen und die Achaier zu verderben?«

Aber Zeus Kronion hatte an diesem Morgen nicht viel Geduld. »Gib gut acht«, sagte er grimmig, »du wirst von mir immer erfahren, was ich dir mitteilen will und was du begreifen kannst – mehr nicht! Und nun schweig und setze dich an deinen Platz, damit ich dich nicht meine Macht fühlen lasse!«

Da erschrak sie und sah sich um, ob nicht jemand ihr beistünde. Aber ihr Sohn Hephaistos, der Gott des Feuers und der Schmiede, der just mit einem Krug voll Nektar und einem Becher durch den Saal hinkte, sagte verdrießlich: »Ich bitte dich, Mutter, reize den Vater nicht! Du weißt wohl, er hat die Macht, uns alle von unseren Thronen zu fegen. Ich kenne seinen Zorn nur allzu gut! Denke daran, was geschah, als ich einmal gegen ihn aufbegehrte! Er ergriff mich an der Ferse und schleuderte mich ins Leere hinaus. Ich flog einen ganzen Tag hindurch und bei sinkender Sonne stürzte ich auf die Insel Lemnos hinab. Ich atmete kaum noch. Aber die Sintier hoben mich auf und pflegten mich gesund. Das Hinken freilich ist mir geblieben!«, fügte er mürrisch hinzu, während er den Becher füllte und ihn seiner Mutter reichte.

»Da nimm! Kredenze ihn Zeus Kronion und sei freundlich! Man kann wahrhaftig auf dem hohen Olympos nicht mehr mit Genuss ein köstliches Mahl verzehren, seit dieser Krieg drunten tobt. Denn immer streitet ihr euch um einen jener Sterblichen.«

Er hinkte emsig weiter von einem zum andern und schenkte jedem ein. Und er sah so wunderlich dabei aus mit seinem hässlichen mürrischen Gesicht und seinen krummen Beinen, dass die Götter mit einem Male alle laut zu lachen begannen.

2 Götter und Menschen schliefen längst; allein in Zeus Kronions Augen wollte kein Schlummer kommen. Ihm bereitete das Versprechen, das er Thetis gegeben hatte, große Sorgen. Halten musste er es; aber wie?

Endlich schien es ihm, er habe einen Ausweg gefunden. »Ich will Agamemnon einen Traum senden«, beschloss er. »Der Atride weiß, dass Träume von mir kommen, und wird danach handeln!«

Er rief eines der Nachtgesichte herbei, durch die er zuweilen den Sterblichen seinen Willen kundzutun pflegte.

»Begib dich zu Agamemnon«, befahl er, »und sage ihm, die Zeit sei gekommen, Troja von der Erde zu vertilgen. Hera, welche die Achaier liebt, habe die Götter überredet, ihnen beizustehen, und über Priamos' Stadt sei schon das Unheil verhängt.«

Der Traum glitt fort durch die Dunkelheit, hinab zum Lager der Achaier.

Er schlüpfte in Agamemnons Zelt und redete ihn an: »Wach auf, Atride, es ist nicht Zeit zu schlafen! Die Götter haben Trojas Untergang beschlossen. Beeile dich, die günstige Stunde zu nützen, und lass das Heer sich zur Schlacht rüsten!«

Agamemnon fuhr auf und der Traum verschwand. Aber er hatte so eindringlich geredet, dass der König keinen Augenblick zauderte. Er sprang vom Lager, legte eilig das Untergewand an, band die Sohlen mit den goldgeflochtenen Riemen an die Füße und hängte sich das Schwert über die Schulter. Während er sich den Mantel umwarf und das Zepter ergriff, rief er nach den Herolden.

Gleich darauf schollen ihre Stimmen allenthalben durch die Dämmerung und riefen die Heerführer und die Krieger zur Versammlung an den Strand.

Ein dumpfes Brausen von Tausend und Abertausend Stimmen erhob sich im Lager, die Krieger kamen aus den Zelten gerannt, Fragen schwirrten durcheinander, niemand wusste, was der Aufruf zu bedeuten hatte.

In Scharen eilten die Achaier hinab zum Ufer. Agamemnon hatte mit Nestor und den anderen Fürsten ein Schiff bestiegen; er wollte zuerst allein mit ihnen reden, denn ihm waren unterdessen allerlei Zweifel gekommen. »Ich brauche euren Rat«, sagte er und erzählte hastig seinen Traum. »Ich weiß, dass Zeus die Träume sendet«, fügte er hinzu, »aber ich weiß auch, dass das Heer dieses endlosen Krieges längst überdrüssig ist und nach Heimkehr verlangt. Wie nun, wenn die Achaier nicht mehr kämpfen wollen?« Er hielt inne und sein Gesicht wurde finster. »Und da ist noch etwas«, fuhr er widerwillig fort, »ihr wisst, dass Achilleus geschworen hat, an keinem Kampf mehr teilzunehmen. Nicht etwa, dass ich glaube, er würde die Schlacht entscheiden – nein, gewiss nicht! Aber er und Patrokolos und die Myrmidonen – nun, sie verstehen zu kämpfen!« Er schwieg und wartete. Aber keiner der Fürsten sagte ein Wort.

Agamemnon biss die Zähne zusammen. Sie zürnten ihm um Achilleus' willen, er hatte es immer gewusst! Schnell redete er weiter. »Ich muss wissen, was ich von den Achaiern zu erwarten habe, versteht ihr? So will ich sie prüfen! Ich werde ihnen sagen, dass ich keine Hoffnung mehr habe, Troja zu erobern. Und dann werde ich sie fragen, ob sie heimkehren wollen! Was meint ihr?«

Diesmal antwortete Nestor: »Dein Plan ist gut, aber was gedenkst du zu tun, wenn sie alle nach Heimkehr schreien?«

»Dann müsst ihr sie zum Bleiben überreden!«, sagte Agamemnon entschlossen. »Denn dieser Krieg muss ein Ende nehmen. Ich will Zeus das größte Opfer bringen, das die Erde je gesehen hat, wenn er die Sonne dieses Tages nicht untergehen lässt, ehe die Troer besiegt sind.«

Er wandte sich schnell um und trat an die Brüstung: Er wollte den Zweifel in ihren Gesichtern nicht sehen.

Drunten am Strand drängte sich Kopf an Kopf das Kriegsvolk. Das Brausen der Stimmen verstummte, als sie ihn sahen. Erwartungsvoll starrten sie zu ihm herauf. Agamemnon holte tief Atem.

»Freunde«, rief er mit mächtiger Stimme, »es hat Zeus Kronion gefallen, mich in schreckliche Unsicherheit zu verstricken. Als wir auszogen, verhieß er mir durch untrügliche Zeichen, dass es uns beschieden sein werde, Troja auszutilgen. Seitdem sind fast zehn Jahre vergangen. Wir haben viele Krieger verloren. Schon beginnt das Holz unserer Schiffe zu modern und die Seile werden brüchig. Ich habe keine Hoffnung mehr, jemals diese Stadt zu erobern. Wir wollen also heimkehren, solange es noch Zeit ist.«

Einen Augenblick war es totenstill auf dem weiten Strand. Dann brach es los wie der Donner der Brandung an einer felsigen Küste. Sie sprangen auf, sie schrien, sie brüllten, die einen rannten zu den Schiffen, die anderen zu den Zelten. Sie begannen, die stürzenden Balken unter den Kielen hervorzuzerren und die Zelte abzureißen, und schrien und sangen vor Freude . . .

Agamemnon stand droben an der Brüstung, als wäre er zu Stein geworden. So war es also!

Er hatte nicht gemerkt, wie die anderen Fürsten das Schiff verließen. Jetzt aber sah er sie, wie sie sich drunten unter die Krieger mischten und mit ihnen redeten.

Da raffte er sich auf und folgte ihnen. Sein dunkles Gesicht war bleich und seine Faust umklammerte das Zepter, dass die Knöchel weiß hervortraten.

Langsam ging er auf die Menge zu. Er merkte, dass das Freudengebrüll allmählich leiser wurde und endlich völlig verstummte.

Die Männer, die schon begonnen hatten, die Schiffe ins Wasser zu ziehen, kamen zögernd zurück, umstanden ihre Anführer und hörten ihnen mit betretenen oder trotzigen Gesichtern zu.

Odysseus sah den König kommen, schob ein paar Krieger zur Seite und ging ihm entgegen. Er sah sehr zornig aus. »Leihe mir deinen Herrscherstab! Mir scheint, ich brauche ihn dort drüben sehr nötig«, sagte er, nahm Agamemnon kurzerhand das Zepter ab und verschwand dann mitten in einem Haufen Krieger.

Mitten in diesem Haufen stand Thersites.

Thersites war entsetzlich hässlich. Er schielte und auf seinem spitzen Kopf wuchs nur spärlich graues Wollhaar. Er hatte kurze, dünne Beine und einen Höcker auf dem Rücken, der ihm die Schultern nach vorne zu drücken schien.

Niemand sah ihn je freundlich. Stets lästerte er gegen die Fürsten, in Sonderheit Achilleus, dem er seine Schönheit und Kraft neidete, aber auch Odysseus und die anderen. Die Achaier verachteten ihn, aber dennoch hörten sie seinen Schmähreden neugierig zu. Als er jetzt Agamemnon erblickte, richtete er seine Wut gegen ihn.

»Haben wir noch nicht genug Beute für dich gemacht, Agamemnon?«, schrie er mit seiner heiseren Stimme. »Glaubst du, wir armen Toren merken nicht, dass die Fürsten uns auf dein Gebot von Neuem zum Kampfe aufstacheln, nachdem wir einen Augenblick auf Heimkehr hofften! Beim Hades, du bist so habgierig, dass du dich nicht einmal schämst, Achilleus seine Ehrengabe wegzunehmen, und –«

Er prallte zurück und verstummte mitten im Wort: denn mit einem schnellen Schritt stand Odysseus vor ihm.

»Elender Schwätzer«, schrie er. »Wenn du nicht augenblicklich schweigst, so schwöre ich dir, ich reiße dir das Gewand vom Leibe und jage dich mit Geißelhieben, nackt wie du bist, hinab zu den

Schiffen! Scher dich fort!« Und er holte gewaltig aus und hieb ihm das Zepter über den untersten Teil des Rückens, dass Thersites aufheulend davonstolperte und sich in sicherer Entfernung niedersetzte. Die Krieger lachten und riefen Beifall.

Odysseus war sehr klug und kannte die Achaier. Er wusste, jetzt war die Gelegenheit günstig, sie zum Bleiben zu bewegen.

»König Agamemnon«, sagte er so laut, dass seine Stimme weit im Umkreis zu hören war, »nun haben die Achaier dir eine bittere Enttäuschung bereitet. Du wolltest sie prüfen und ihre wahren Gedanken erkunden. Sie aber schrien nach Heimkehr. Ich kann es ihnen nicht verargen.« Er wandte sich den Kriegern zu und fuhr eindringlich fort: »Aber mir scheint, es wäre schade, wenn wir jetzt, nach neun Jahren, unrühmlich und den anderen Völkern zum Spott, heimkehren müssten, ohne Troja besiegt zu haben. Was sollen wir den alten Leuten und den Witwen und Waisen daheim in Achaia sagen, wenn sie uns fragen, wofür ihre Söhne, ihre Männer und Väter gestorben sind? Erinnert ihr euch? Als wir uns mit den Schiffen vor Aulis versammelten, um über das Meer zu fahren, brachten wir den Göttern ein Opfer und baten um Sieg und glückliche Heimkehr. Der Altar stand unter einem riesigen Ahorn, in dessen Zweigen sich ein Sperlingsnest mit acht Jungen und ihrer Mutter befand. Zu unserem Entsetzen fuhr während des Opfers ein purpurschuppiger Drache unter dem Altar hervor, wand sich am Baum empor und verschlang die kleinen Vögel und ihre Mutter. Und dann – neuer Schrecken befiel uns –, dann verwandelte sich plötzlich vor unseren Augen der Drache in Stein und blieb, grausig anzusehen, an diesem Ort stehen zum ewigen Wahrzeichen.

Sogleich befragten wir Kalchas, den Seher. Er sagte: ›Die neun Sperlinge bedeuten die Jahre, die ihr um Troja kämpfen werdet.

Im zehnten Jahr aber werdet ihr die Stadt erobern und wie der versteinerte Drache wird euer Ruhm die Jahrhunderte überdauern.‹ Ich frage euch, Freunde, wollt ihr euch nicht noch eine kurze Weile gedulden: denn dies ist das zehnte Jahr und in diesem Jahr wird Priamos' Feste fallen.«

Ja, Odysseus war sehr klug und er hatte sich nicht getäuscht. Zuerst zögernd, dann immer lauter, scholl ihm Beifall aus den Reihen der Krieger entgegen.

Da begann Nestor zu reden. Auch er kannte die Achaier, und was er sagte, war nicht weniger klug. »Habt ihr vergessen, dass uns Zeus Kronion sein Zeichen sandte, als wir von Aulis ausfuhren? Sein Blitzstrahl zuckte zu unserer Rechten herab: Ihr wisst, das bedeutet Glück. Und habt ihr vergessen, welche Reichtümer in Trojas Palästen auf uns warten? Wollt ihr wirklich darauf verzichten, nur um ein wenig früher heimzukehren? Bei den Göttern, ich kann es nicht glauben!«

Er schwieg, denn jetzt war das Beifallsgebrüll so laut geworden, dass man seine Stimme nicht mehr hörte. Sie sahen einander an, er und Odysseus, und sie wussten, dass sie gewonnen hatten.

Es war genauso wie immer – vorher und nachher in der Geschichte des Menschengeschlechtes: Einige kluge Männer lenkten die vielen Tausenden, wie es ihnen gefiel.

Als es wieder ein wenig stiller geworden war, sprach Nestor weiter: »Da ihr euch also entschlossen habt, den Kampf zu Ende zu führen, wollen wir keine Zeit verlieren. Denn dies hat Zeus Kronion heute Nacht dem König im Traum befohlen.

Geht darum zurück in eure Zelte und zu den Schiffen und rüstet euch zur Schlacht. Zuvor aber sollen alle ein reichliches Mahl halten und den Göttern opfern. Und noch eines«, fügte er schlau hinzu, »die einzelnen Völkerschaften mögen sich, getrennt vonei-

nander, mit ihren Anführern aufstellen. So wird es sich zeigen, wer am tapfersten kämpft und die reichste Beute verdient!« –
Vom hohen Olympos aus hatten Hera und Pallas Athene dies alles besorgt beobachtet. Nun gewahrten sie mit Befriedigung, wie die Achaier sich eiligst zum Kampfe bereiteten. »Ich hätte sie nicht heimkehren lassen, ehe diese stolzen Troer, die mir so wenig Ehrfurcht zollen, samt ihrer Stadt von der Erde vertilgt sind«, sagte Hera. »Aber die Sterblichen sind wankelmütig. Begib dich hinab zum Lager und flöße den Kriegern Mut und Kampfbegier ein, dass sie nicht erlahmen, ehe es zu Ende ist.«
Pallas Athene gehorchte, denn auch sie war den Achaiern gewogen, in deren Städten ihre herrlichen Tempel standen.
Die Aigis, Zeus Kronions schrecklichen Schild, in der Rechten, durchflog sie ungesehen das Heer, stachelte die noch Zaudernden auf, sodass ihnen alsbald der Kampf verlockender erschien als die Heimkehr.
Schon dröhnte der Boden unter den Tritten der gewaffneten Scharen, die in den weiten Auen am Flusse Skamandros Aufstellung nahmen.
Aus allen Landschaften Achaias waren sie in ihren Schiffen gekommen: aus Böotien und der felsigen Aulis, aus Phokis und von den Ufern des Stromes Kephissos, aus dem Weinland von Arne und von Euböa.
Ajax führte die Lokrer an; er war klein an Wuchs und trug nur einen Harnisch aus Leinen. Aber niemand verstand, die Lanze so sicher zu schleudern wie er.
Elphenor, ein Sohn des Kriegsgottes Ares, war mit den kampfgewohnten Abantern gekommen. Eine große Schar der edelsten Jünglinge von Athen mit herrlichen Rossen und Kampfwagen wurde von Menestheus angeführt. Neben ihm hielt Ajax, Telamons

Sohn, den man zur Unterscheidung von dem anderen Ajax, den Großen, nannte, mit den Kriegern aus Salamis.

Eurypylos, König von Ormenion, nahm aus Freundschaft für Achilleus und Patroklos an diesem Kriege teil, der ihn selber nichts anging.

Diomedes, der gewaltige Kämpfer, hatte seine Krieger aus Ätolien herbeigeführt.

Aus den reichen Städten Mykenä und Korinth kamen die Männer mit silbernen Helmen und kostbaren Waffen.

Agamemnon selbst, herrlich gerüstet, führte das größte Heer an.

Menelaos, dessen Herz am heftigsten nach Rache dürstete für den Raub seiner Gemahlin, jagte auf seinem Streitwagen an den Reihen seiner Krieger entlang, sie ermahnend, endlich die erlittene Schmach zu tilgen.

Den Arkadiern, die gewandte Kämpfer, aber selbst keine Seefahrer waren, hatte Agamemnon Schiffe gegeben.

Mit den Männern aus Ithaka waren auch die von Samos und Zakyntos Odysseus gefolgt, denn er war überall auf dem Festland und auf den Inseln durch seine Klugheit und Stärke berühmt.

Thoas, der König von Ätolien, und Tlepolemos, der Sohn des Herakles, der Rhodos beherrschte, ordneten ihre Scharen am Ufer des Skamandros neben den Bogenschützen des tapferen Philoktetes, der zu dieser Zeit mit einer eitrigen Wunde vom Biss einer Natter auf Lemnos lag. So führte Medon seine Krieger in den Kampf.

Diese und noch viele andere Völkerschaften bereiteten sich in der Ebene und auf den Hügeln zwischen dem Meere und der Stadt zur gewaltigsten Schlacht dieses Krieges. Immer noch strömten neue Heerhaufen herbei.

Nur die Myrmidonen kamen nicht. Sie schlenderten zwischen den

Zelten umher, übten sich im Diskuswerfen und im Bogenschießen oder sie sahen, auf ihre Lanzen gestützt, gemächlich zu, wie die anderen Krieger forteilten. Sie blickten vom Deck ihrer Schiffe auf den wimmelnden Strand hinab und kümmerten sich nicht im Geringsten um die zornigen Zurufe, die von drunten an ihre Ohren drangen.

Achilleus, ihr König, hatte geschworen, nicht mehr zu kämpfen: Also würden auch die Myrmidonen nicht kämpfen. Ihre Rosse standen müßig und rupften genießerisch die Lotosblumen aus dem sumpfigen Gras; die Kampfwagen lehnten an den Zeltwänden, mit Teppichen zugedeckt.

Achilleus lag im Zelt und versuchte, nichts zu hören und nichts zu sehen von all den Vorbereitungen zur großen Schlacht.

Doch es gelang ihm nicht. Er fühlte, wie der Boden unter ihm dröhnte vom Rollen der Wagen und von den Tritten der Scharen, die draußen vorüberzogen; es war ihm, als müsste er aufspringen, die Rüstung anlegen und nach den weißen Hengsten rufen. Aber er rief nicht und er rührte sich nicht: Allzu groß waren noch immer Kummer und Zorn.

Patroklos saß schweigsam neben ihm und blickte mitleidig in das düstere Gesicht des Freundes. Er wusste, nichts konnte Achilleus jetzt helfen: Er musste den Kampf, der in seiner Seele tobte, allein zu Ende kämpfen.

Dass sein eigenes Schicksal sehr bald davon abhängen sollte, davon ahnte Patroklos zu dieser Stunde noch nichts. Im Königspalast von Troja erfuhr man sehr schnell, dass die Achaier sich zu einem gewaltigen Angriff rüsteten. König Priamos brach augenblicklich den Rat der Ältesten ab, der sich in seinem Thronsaal versammelt hatte, und Hektor sandte die Herolde aus. Es würde nicht lange dauern, bis die troischen Krieger und ihre Hilfsvölker gewaffnet waren: denn in der Stadt hatte man sich in all den Jahren daran gewöhnt, immer auf einen Angriff der Achaier gefasst zu sein.

Die Troer waren tapfere Kämpfer und es gab keinen besseren Heerführer als Hektor.

Die Dardaner, die Aeneas anführte, und die kriegerischen Stämme, die rings an den Hängen und am Fuß des Berges Ida siedelten, auch die Pelasger aus Larissa und die Phrygier aus Askania waren kampfgewohnte Bundesgenossen.

Die Könige Sarpedon und Glaukos waren mit den Lykiern gekommen. Sie kämpften stets Seite an Seite.

Hodios hatte die Halizonen aus Alybe hergebracht.

Nastes und Amphimakos führten ein Volk von barbarischer Mundart aus Miletos an. Ihr Vater war Nomion, der, mit Gold geschmückt wie eine eitle Jungfrau, in die Schlacht ging. Der Tor, sein Geschmeide rettete ihn nicht vor dem Verderben! Achilleus erschlug ihn und nahm ihm seine kostbare Rüstung.

Den Brüdern Andrastos und Amphios hatte ihr Vater, der Seher Merops, verboten, in diesen Krieg zu ziehen, denn er kannte ihr Schicksal! Aber sie hörten nicht auf ihn und das wurde ihnen zum Verhängnis.

Noch andere Völkerschaften aus Thrakien, Amydon und von den Ufern des Xanthos waren nach Troja gekommen; dennoch befanden sich die Achaier in gewiss zehnfacher Übermacht. –

Das nahm aber den Troern keineswegs den Mut. Sie rüsteten sich in großer Eile und voll Kampfbegier.

Und dann öffneten sich auf Hektors Befehl im gleichen Augenblick alle Tore.

Wie Schwärme von wilden Kranichen brachen sie hervor. Ihr Kriegsgeschrei erfüllte die Luft, während die Achaier schweigend in unabsehbaren Scharen heranzogen.

Hektor jagte auf seinem Streitwagen an den Reihen der Krieger entlang. Sein Helm leuchtete und die langen dunklen Locken flogen um seinen Nacken. Als er sah, dass sein Heer gut geordnet war, gab er die Zügel dem Rosselenker und sprang vom Wagen. Die Lanze in der Rechten, schritt er vor den Kriegern her dem Feind entgegen, neben ihm Aeneas und ein wenig entfernt an seiner anderen Seite sein Bruder Paris.

Paris sah herrlich aus mit den silbernen Beinschienen, dem schimmernden Harnisch, über dem er ein Pardelfell trug, und dem goldenen Helm, den ein langer Rossschweif zierte. So ging er stolz aufgerichtet einher.

Schon waren die feindlichen Heere einander sehr nahe, da erscholl plötzlich auf der Seite der Achaier ein lauter, zorniger Ruf, der selbst das Geschrei der Troer übertönte. Ein Wagen raste heran. Neben dem Rosselenker stand ein Krieger in glänzender Rüstung.

Als Paris ihn erkannte, wurde er bleich: denn der Mann auf dem Wagen war Menelaos, dem er die Gattin geraubt hatte!

Menelaos hatte schon dem Lenker die Zügel zugeworfen und sprang ab.

Paris prallte zurück, als er in das wutverzerrte Gesicht blickte: Er sah, dass sein Tod darin geschrieben stand!

Und als jetzt Menelaos das Schwert herausriss, da fasste ihn ein solches Entsetzen, dass er zurücksprang und sich hinter den Reihen der troischen Krieger verbarg, die mit ihren Schilden und Schwertern die wütenden Hiebe des Spartanerkönigs auffingen.

Aber seine Flucht war schnell zu Ende. Eine harte Faust packte seinen Arm und riss ihn herum. Vor ihm stand Hektor.

»Du Feigling!«, sagte er voll zorniger Verachtung. »Bei den Weibern bist du ein Held! Wenn es aber an den Kampf geht, machst du dich davon, obgleich du dies alles verschuldet hast! Bei den Göttern, wenn die Troer nicht so matte Herzen hätten, so umhüllte dich längst ein steinernes Gewand und du hättest es redlich verdient, für das Unheil, das du über uns gebracht hast! Ich wollte, du wärest nie geboren oder schon als Knäblein gestorben! Nun machst du uns zum Gespött aller Völker!«

Paris stieg Schamröte in das bleiche Gesicht, bei den verächtlichen Worten seines Bruders. Er wusste, Hektor hatte recht.

Und weil er doch ein Sohn des Königs Priamos war und etwas von der edlen Gesinnung seines Vaters ererbt hatte, nahm er jetzt allen Mut zusammen. »Du hast wahr gesprochen!«, sagte er ernst. »Vieles haben die Troer meinetwegen erdulden müssen! Nun will ich, wie es sich für mich geziemt, selbst mit Menelaos um Helena kämpfen! Siege ich, so gehört sie mir! Besiegt mich jedoch der König, so mag er sie mit sich heimführen nach Lakedaimon – sie und die Schätze, die ich von Argos gebracht habe. Zwischen unseren Völkern aber soll in Zukunft Friede herrschen!«

Das vernahm Hektor mit großer Freude.

Er trat vor die Reihen der Krieger und hob die Lanze waagrecht über seinen Kopf.

Sogleich richteten die Achaier ihre Bogen gegen ihn, aber Agamemnon rief: »Haltet ein! Lasst Hektor sprechen. Wir wollen hören, was er uns zu sagen hat!«

»König Menelaos«, begann Hektor, »mein Bruder Paris bietet dir einen Zweikampf an. Bist du einverstanden, so soll Helena dem Sieger gehören; unsere beiden Völker aber sollen danach Frieden halten, wie der Kampf auch ausgehen mag. Wir werden wieder unsere Scholle bebauen und ihr kehrt heim nach Achia.«

»Ich nehme den Kampf an!«, rief Menelaos ohne Zaudern. »Aber ich verlange, dass König Priamos selbst den Vertrag mit uns beschwört!

Währenddessen sollen die Waffen auf beiden Seiten ruhen! Lasst auch Opfertiere herbeischaffen, ein schwarzes und ein weißes Lamm, damit die Götter unseren Schwur gnädig aufnehmen.«
Zwei Herolde liefen sogleich hinauf zur Stadt, um die Botschaft zu überbringen.

Aber ehe noch Priamos von dem Zweikampf erfuhr, hatte das Gerücht schon Helena erreicht, die im Palast des Paris in ihrer Kammer am Webstuhl saß.
Sie erschrak so sehr, dass ihre zitternden Hände das Gewebe verdarben, in dessen Saum sie allerlei Bilder kunstvoll eingewirkt hatte.
Oh Götter, nun würden sie also um sie kämpfen, die beiden Männer, die einander um ihretwillen so sehr hassten, dass sie darum zehn Jahre Krieg führten!
Sie konnte es plötzlich nicht mehr ertragen, untätig und allein da in der Kammer zu sitzen. Angst und Neugier trieben sie ins Freie.
Hastig hüllte sie sich in ihren Schleier aus feinem silber-schimmerndem Linnen und lief so schnell hinaus, dass ihr die Mägde kaum zu folgen vermochten.
Die Tränen flossen ihr über die Wangen und eine große Ratlosigkeit hatte sie überkommen. Sie wusste nicht einmal, wem sie den Sieg wünschen sollte, Paris oder Menelaos. Aber – neben ihrer Angst war da noch etwas anderes: heimlicher Stolz und Befriedigung, dass dies alles um ihretwillen geschah. Sie musste mit jemandem reden! Aber zu wem sollte sie gehen in dieser schrecklichen Verwirrung? Ihre Schwägerinnen liebten sie nicht und würden ihr nur wieder böse Worte geben. Hektor war zwar gut und begegnete ihr nie unfreundlich; aber er befand sich draußen auf dem Schlachtfeld.

Ich muss zum König!, dachte sie, während sie die schmale Gasse an der Stadtmauer entlanghastete. König Priamos ist der Einzige, der Mitlied mit mir haben wird. Aber helfen – nein, helfen kann mir niemand. Ich Unglückselige, warum habe ich nur jemals Lakedaimon verlassen, um Paris zu folgen?
Sie wusste, der König befand sich mit den Ältesten zu dieser Zeit auf dem skäischen Tor, um die Schlacht zu beobachten: denn er selbst konnte nicht mehr kämpfen.
Die Greise sahen ihr entgegen, als sie die Stufen heraufstieg und über die Mauer auf den Turm zuschritt. Und sie schien selbst den alten Männern so unsäglich schön, dass sie leise zueinander sagten, wahrhaftig, man könne es weder den Troern noch den Achaiern verargen, dass sie um diese Frau so erbittert kämpften.
Helena blieb zögernd stehen; sie hatte Angst, die Männer könnten sie mit harten Worten fortweisen, weil um ihretwillen so viel Unheil über Troja gekommen war.
Aber der König winkte ihr freundlich zu. »Komm doch näher und setze dich zu mir, mein Töchterchen! Du sollst mir erzählen, wer die achaischen Fürsten sind, die so herrlich gerüstet aus dem Heere hervorragen! Manche von ihnen kenne ich nicht!«
»Du bist sehr gut zu mir!«, sagte Helena aufatmend und begann zu erzählen. Während sie noch redete, kam einer der Herolde, die unterdessen die Opfertiere geholt und sie gebunden auf den Wagen des Königs gelegt hatten.
»König Priamos, die Fürsten der Troer und der Achaier bitten dich, sogleich hinauszukommen vor die Stadt«, sagte der Herold voll Freude. »Sie haben beschlossen, den Krieg durch einen Zweikampf zwischen Paris und Menelaos zu beenden. Du aber mögest selbst den Vertrag beschwören!«
Nur einen Augenblick zögerte Priamos; er kannte den Ruf des

Spartanerkönigs. Menelaos war ein tapferer Kämpfer, wenngleich nicht so stark wie Achilleus oder Diomedes. Er kannte auch seinen Sohn Paris, der nur aussah wie ein Held.

Aber der König war gerecht und auch dieser Zweikampf war gerecht. »So mag es sein!«, sagte er ernst, erhob sich und stieg hinab zum Tor, wo der zweite Herold mit dem Wagen wartete.

Antenor, sein alter Ratgeber, folgte ihm.

Priamos ergriff selbst die Zügel und gleich darauf stürmten die Rosse den Hang vor der Stadt hinab, dorthin, wo die beiden Heere einander gegenüberstanden.

Ehrfürchtiges Schweigen empfing den alten König, der jetzt den Wagen langsam in den freien Raum zwischen den feindlichen Scharen lenkte. Priamos stieg ab.

Schnell trat Agamemnon auf ihn zu und grüßte: »König Priamos, du weißt, was wir beschlossen haben. Bist du bereit, unseren Vertrag zu beschwören?«

»Ich bin bereit!«, antwortete Priamos. Sein Gesicht und seine Stimme waren ganz ruhig.

»So wollen wir den Göttern opfern und unseren Eid schwören!«, sagte Agamemnon und winkte die Herolde mit den Opfertieren herbei. Er zog den Dolch, der an der Scheide seines Schwertes hing, und schnitt den Lämmern die Kehle durch. Darauf goss er Wein aus einem goldenen Becher, den man ihm reichte, zur Erde und rief die Unsterblichen an. »Vater Zeus, Beherrscher der Götter und Menschen, und du, Helios, der du von deinem Sonnenwagen alles siehst, auch du, Erde, und ihr, die ihr unter der Erde wohnt und den Meineid der Sterblichen bestraft – hört unseren Schwur! Wenn dieser Zweikampf vorüber ist, soll Friede zwischen unseren Völkern sein! Wer den Frieden bricht, den soll der Fluch der Götter treffen: Der Krieg aber wird dann weitergehen bis zur Vernichtung.«

Lautlose Stille herrschte auf dem weiten Felde, während Agamemnon den furchtbaren Eid sprach.

Als darauf auch Priamos geschworen hatte, ging er langsam auf seinen Wagen zu, stieg auf und nahm Antenor die Zügel ab.

Noch einmal wandte er sich zu den Kriegern.

»Ich kehre zurück in die Stadt, denn ich mag dem Kampf meines Sohnes nicht zusehen. Die Götter wissen, wem sie Sieg oder Tod zuteilen!«

Hektor blickte dem Wagen nach, der langsam den Hügel hinauffuhr gegen das skäische Tor. Er allein hatte gemerkt, wie müde und kummervoll sein Vater aussah.

Odysseus trat auf ihn zu.

»Lass uns den Kampfplatz ausmessen, edler Hektor!«, sagte er und sie schritten die Länge und die Breite gemeinsam ab.

Dann nahm Hektor den Helm ab und sie taten zwei verschiedene Zeichen hinein: eines für Paris und eines für Menelaos, um auszulosen, wer zuerst die Lanze schleudern sollte.

Abgewandten Gesichtes schüttelte Hektor den Helm: Das Los seines Bruders fiel heraus.

Paris stieß einen leisen Freudenruf aus und Hektor warf ihm einen verächtlichen Blick zu.

Die Krieger auf beiden Seiten traten zurück. Menelaos und Paris standen einander gegenüber, die Lanze in der Rechten; sie dachten beide an Helena, hassten einander und jeder wünschte dem anderen den Tod.

Mit einem Ruck riss Paris den Arm in die Höhe, beugte sich weit zurück und schleuderte. Die Lanze traf den ehernen Schild des Königs mitten in der Wölbung, aber sie vermochte ihn nicht zu durchdringen; mit umgebogener Spitze fiel sie kraftlos zu Boden.

Jetzt schleuderte Menelaos. Paris trug einen glänzenden Schild mit zierlichen silbernen Buckeln. Der aber vermochte der schweren Lanze und der zornigen Kraft, die sie schleuderte, nicht zu widerstehen: Die lange Spitze fuhr hindurch, zerschnitt an der Hüfte den kunstreich geschmiedeten Harnisch, zerriss auch den Leibrock und nur die Behändigkeit, mit der sich Paris zur Seite geworfen hatte, rettete ihm das Leben.

Als Menelaos begriff, dass er seinen Feind nicht einmal verwundet hatte, riss er das Schwert heraus, sprang mit einem wütenden Satz vor und hieb Paris die eherne Klinge mit aller Macht auf den Helm. Er schrie vor Zorn auf: Das Schwert war in drei Stücke zersprungen und der Helm mit dem Rossschweif unversehrt!

Abermals warf er sich nach vorne, und weil er keine Waffe mehr hatte, packte er den Rossschweif, den der Wind just auf ihn zuwehte, mit beiden Händen und schleifte Paris, der sich vergeblich wütend sträubte, an seinem Helm hinter sich her gegen die Reihen der Achaier.

Der Sieg schien ihm gewiss. Aber – die Sterblichen mögen tun, was sie wollen, wenn die Götter es anders beschlossen haben!

Diesmal war es Zeus Kronions schönste Tochter Aphrodite, die Göttin der Liebe, die Menelaos den Sieg aus den Händen riss: denn sie hatte Paris und Helena unter ihren Schutz genommen.

Sie hatte den Kampf ihres Lieblings sorgsam beobachtet, und als sie jetzt Paris so hilflos fortgeschleift sah, flog sie eilig herbei und zertrennte den Riemen aus Stierhaut, der seinen Helm unter dem Kinn festhielt.

Ein schrecklicher Ruck – und Menelaos, der mit aller Kraft gezogen hatte, stolperte rücklings gegen die Reihen seiner Krieger, den leeren Helm mit dem Rossschweif in den Händen!

Mit einem Wutschrei schleuderte er ihn mitten unter die Achaier, riss einem Mann die Lanze aus der Hand und wollte sich abermals auf Paris stürzen.

Aber – Paris war nicht mehr da!

Wie oft auch Menelaos hin und her lief und zwischen Troern und Achaiern nach ihm suchte – er blieb verschwunden!

Nicht etwa, dass ihn seine Gefährten aus Freundschaft verbargen, nein, keineswegs: denn niemand liebte Paris.

Als alle eine Weile so vergeblich und höchst verwundert nach ihm gesucht hatten, gaben sie es auf und Agamemnon sagte: »Menelaos hat Paris gefangen genommen: Also hat er gesiegt. Es ist nicht seine Schuld, dass der Gefangene verschwunden ist: Das haben wohl die Götter so gefügt. So mögen die Troer Helena herausgeben und eine geziemende Buße bezahlen!«

Die Achaier brüllten laut Beifall und die Troer vermochten nichts zu erwidern, obgleich ihnen dies alles nicht gefiel. – Paris aber befand sich zu dieser Zeit längst in seinem Palast in der Stadt: denn Aphrodite hatte ihn, in einen Nebel gehüllt, vom Schlachtfeld geführt und ihn schnurstracks in sein Schlafgemach gebracht, wo er nun in sehr übler Laune auf seinem Bette lag.

Helena saß neben ihm, denn Aphrodite hatte es ihr befohlen. Aber in ihrer Ratlosigkeit redete sie nicht etwa freundlich mit ihm, sondern verspottete ihn: »Hast du nicht immer geprahlt, du wärest Menelaos an Kraft und Gewandtheit weit überlegen? Aber wo wärest du denn jetzt, hätte dich nicht Aphrodite gerettet? Wahrhaftig, du solltest es noch einmal versuchen, damit ich weiß, wer der Stärkere ist – mein erster Gemahl oder mein zweiter. Aber nein, es ist besser für dich, wenn du in Zukunft Menelaos weit aus dem Wege gehst!«

So redete sie, während sie voll Unruhe darüber nachdachte, was nun wohl mit ihr geschehen würde.

3 Vom hohen Olympos aus hatten die Götter genau beobachtet, was sich drunten vor Troja zutrug.

»Nun also«, sagte Zeus endlich zufrieden, »damit hat dieser Krieg ein Ende gefunden. Menelaos hat gesiegt und wird Helena mit sich nach Lakedaimon nehmen. Die Troer aber mögen in Zukunft ruhig in ihrer Stadt wohnen. Selbst Paris ist gerettet, weil Aphrodite ihn nun einmal liebt.«

Er warf einen schnellen Blick hinüber, wo ein wenig abseits Hera und seine Tochter Pallas Athene saßen. »Zwar«, fuhr er mit einem spöttischen Lächeln fort, »zwar sind zwei unter euch, die Trojas Untergang beschlossen haben und –«

Hera, deren Gesicht sich immer mehr verdüstert hatte, fuhr auf: »Soll ich mich wirklich so lange umsonst bemüht haben, die anderen Völker gegen diese überheblichen Troer aufzustacheln, damit sie jetzt herrlich und in Frieden weiterleben und über mich lachen können? Ich sage dir, ich werde nicht ruhen, bis sie und ihre Stadt von der Erde vertilgt sind!«

Zeus schüttelte unmutig das gewaltige Haupt. »Ich wüsste nicht, was sie dir getan haben. Aber ich habe den ewigen Streit mit dir um dieser Troer willen gründlich satt«, fügte er seufzend hinzu.

»Auch ich will Frieden mit dir haben«, sagte Hera schlau, »ich verspreche dir, wenn du einmal eine Stadt verderben willst, der ich meine Gunst gewähre, so werde ich dir auch nichts in den Weg legen. Jetzt aber lass mir freie Hand gegen Troja!«

Da gab Zeus Kronion widerwillig nach und so entschied sich Trojas Schicksal. –

Allein wie sollte man den Krieg drunten wieder entfachen, da der Vertrag beschworen war und nach dem Zweikampf niemand mehr eine Waffe erheben durfte? Zeus zuckte mürrisch die Schultern. »Einer von den Troern wird eben den Eid brechen!« Er sah seine Tochter an. »Meinetwegen begib dich hinab auf das Schlachtfeld und suche einen, der euch zu Diensten ist!«

Stürmischen Fluges eilte Pallas Athene zur Erde hinab. Sie flog hin und her über Hügel und Ebene vor der Stadt, bis sie Pandaros fand. Sie kannte Pandaros. Er war ein berühmter Bogenschütze, aber er war auch ruhmsüchtig und habgierig und nicht sonderlich klug. Darauf baute die Göttin.

Unsichtbar trat sie hinter ihn. »Willst du dir großen Ruhm und Reichtum erwerben, Pandaros?«, sprach sie, nur für ihn hörbar. »So nimm einen deiner nie fehlenden Pfeile und erlege Menelaos, den Atreussohn! Die Troer werden dich dafür ehren wie einen der Unsterblichen und Paris wird dich königlich belohnen!«

Sie verließ ihn und begab sich eilig zu Menelaos: denn sie war gewiss, dass Pandaros ihr gehorchen würde. Sein Pfeil würde den Atriden töten; das aber durfte nicht sein.

So stand sie neben Menelaos und sah aus der Ferne zu, wie Pandaros auf einen kleinen Hügel stieg, einen Pfeil aus dem Köcher nahm und ihn auf die Sehne des kostbaren Bogens legte, der aus dem Gehörn eines Steinbocks geschnitzt und mit Gold beschlagen war.

Sie hörte das Schwirren der Sehne und sah, wie das gefiederte Geschoss auf Menelaos zuflog.

Es hätte ihn genau in die Brust getroffen und sein Herz durchbohrt.

Aber im letzten Augenblick hob Pallas Athene die Hand und der Pfeil wich ein wenig nach links von seiner Bahn.

Er durchdrang den Harnisch, den breiten Gürtel und den Leibrock und riss die Haut auf der Seite auf.

Sogleich begann das Blut, aus den zerschnittenen Adern zu fließen; an der Hüfte und am Schenkel entlang zog sich ein rotes Rinnsal bis zum Fuß hinab.

Einen Augenblick wankte Menelaos. Agamemnon sah es mit Entsetzen und sprang herbei. Er glaubte, sein Bruder sei zu Tode verwundet. »Wehe uns!«, rief er. »Was ist dir geschehen? Nun haben die Troer den Eid gebrochen! Doch die Strafe der Götter wird sie treffen und unsere Rache! Aber ich könnte nie wieder heimkehren nach Argos, wenn deine Gebeine hier in der fremden Erde moderten und übermütige Troer das Grab des berühmten Helden Menelaos umhüpften. Eher müsste die Erde sich auftun und mich verschlingen.«
Aber Menelaos hatte sich schon wieder gefasst. »Sei ruhig, Bruder!«, sagte er. »Die Wunde ist nicht schwer. Der Harnisch, die goldene Spange an meinem Gürtel und das lederne Schurzfell haben mich vor Schlimmerem bewahrt.«
Pallas Athene war sehr zufrieden, als sie zurückkehrte zum Olympos: Der Kampf gegen Troja würde wilder aufflammen als je zuvor und die stolze Stadt endlich vernichten. –
Agamemnon ließ unterdessen Machaon rufen, den sein Vater Asklepios, der unvergleichliche Arzt, in der Heilkunst unterwiesen hatte.
Machaon kam, zog den Pfeil aus der Wunde und sog das Blut heraus, damit nichts Unreines zurückbleibe. Dann legte er eine heilende Salbe auf und verband die Wunde mit feinem gebleichtem Linnen.
Agamemnon hatte voll Sorge zugesehen. »Den Göttern sei Dank!«, sagte er jetzt aufatmend, als ihm gewiss schien, dass sein Bruder gerettet sei.
Ein furchtbarer Zorn und das Verlangen nach Rache erfüllten ihn. Er sprang auf seinen Wagen, der neben ihm hielt.
»Freunde!«, rief er. »Die Troer haben den Eid gebrochen! Menelaos ist verwundet! Den Meineid bestrafen die Götter. Wir aber werden uns schrecklich rächen!«

Tausendstimmiges Gebrüll stieg aus den Reihen der Achaier auf.
So begann die große Schlacht vor Troja.
Sie sprangen einander an wie die Wölfe, diese Troer und Achaier.
Der Erste, der fiel, war Echepolos, ein troischer Fürst. Er trug eine kostbare Rüstung und die achaischen Krieger rissen sie dem Toten gierig vom Leibe.
Ajax Telamonssohn traf den blutjungen Simoeisios mit der Lanze zu Tode.
Aber Antiphos, ein Sohn des Königs Priamos, erschlug Leukos, der mit Odysseus befreundet war.
Odysseus sah es und stürzte sich voll Schmerz und Zorn mitten unter die Troer. Demokoon, ein anderer Priamossohn, der aus dem Geschlecht von Abydos gekommen war, trat ihm in den Weg. Er bezahlte es mit dem Leben.
Peiros, der Thraker, zerschmetterte Diores, dem Sohn des Epeirerkönigs, mit einem gewaltigen Stein den Fuß, dass er niederstürzte und in dem schrecklichen Gewühl umkam.
Peiros aber fiel wenig später von der Hand des Ätolierfürsten Thoas.
Thoas vermochte dem Gefallenen nicht, die Rüstung zu nehmen, denn die Thraker umstanden ihren toten Führer wie eine Mauer, und vor ihren Lanzen musste er fliehen.
So starben viele, hüben und drüben, in dieser furchtbaren Schlacht.
Später lagen sie still nebeneinander, Freund und Feind, wie in jedem Krieg, den die Menschen gegeneinander führen.
Auf Pergamos, der Burg von Troja, stand Phöbos Apollon und feuerte die troischen Krieger an.
Pallas Athene aber flog hin und her über das Schlachtfeld und trieb die Achaier in den Kampf, wo sie zu wenig Entschlossene

fand. Voll Unmut blickte sie hinab auf Achilleus, der untätig, mit düsterem Gesicht und Gram im Herzen am Mast seines Schiffes lehnte.

Dann machte sie sich auf die Suche nach Diomedes: Da Achilleus nicht kämpfte, war er die größte Hoffnung der Achaier.

Sie ließ sich neben ihm auf dem Wagen nieder und die Rosse begannen alsbald, mit erschrockenem Schnauben vorwärts zu rasen, mitten in die Reihen der Troer hinein. Ein anderer Streitwagen kam ihnen entgegen, darauf standen die beiden Brüder Phegeus und Idäos. Ihr Vater war Dares, der Priester des Feuergottes Hephaistos. Phegeus schleuderte seine Lanze als Erster: Sie verfehlte Diomedes um Haaresbreite.

Diomedes aber traf ihn und er stürzte rücklings vom Wagen.

Agamemnon begegnete dem Halizonenfürsten Hodios. Ihre Streitwagen fuhren krachend aneinander. Während Hodios seitwärts auszuweichen suchte, drang ihm Agamemnons Lanze in den Rücken.

Skamandrios, der berühmteste Jäger der Troer, den die Göttin Artemis selbst das Bogenschießen gelehrt hatte, vermochte sich dennoch nicht zu retten: Menelaos tötete ihn von rückwärts mit der Lanze.

Diomedes durchraste indessen unaufhaltsam auf seinem Wagen das Schlachtfeld und viele Tote bezeichneten seinen Weg.

Und dann sah ihn Pandaros. Pandaros, der Menelaos verwundet hatte und dem der Stolz darüber zu Kopf gestiegen war.

Er stieß einen Jubelruf aus und spannte den Bogen, geschnitzt aus dem Gehörn des Steinbocks.

Seine Pfeile verfehlten niemals ihr Ziel. Auch dieser traf. Er fuhr Diomedes in die Schulter, dass er taumelte.

Pandaros schwang triumphierend den Bogen hoch über seinen

Kopf. »Freunde, der Beste der Achaier ist getroffen!«, schrie er. »Diomedes wird nicht mehr kämpfen können und Achilleus liegt grollend und tatenlos auf seinem Schiff! Greift an, Gefährten, die Gelegenheit ist günstig!«

Aber – obgleich Pandaros sich so siegesgewiss gebärdete, hatte ihn eine sonderbare Unsicherheit befallen. Da war etwas, das er nicht begriff! »Ich habe doch auf das Herz gezielt!«, sagte er nachdenklich zu sich. »Zuerst bei Menelaos und dann bei Diomedes. Und beide Male ist der Pfeil von seinem Wege abgewichen. Das ist mir noch nie geschehen! Es sieht fast so aus, als stünde einer der Unsterblichen an der Seite der Achaier und lenkte die Geschosse ab!« –

Indessen war Diomedes vom Wagen gesprungen und bat seinen Rosselenker, ihm den Pfeil aus der Wunde zu ziehen. Er rief Pallas Athene an. »Höre mich, Göttin! Bist du mir und den Achaiern gewogen und haben wir dir genug Tempel gebaut und Opfer gebracht, so steh mir jetzt bei. Ich fühle, meine Wunde ist schwer und ich werde sonst nicht mehr lange das Licht der Sonne schauen.«

Pallas Athene stand dicht neben ihm. »Ich habe schon getan, worum du mich bittest!«, sprach sie an seinem Ohr. »Kehre getrost in den Kampf zurück; du hast deine Kraft wieder und noch mehr: Ich habe deine Augen hellsichtig gemacht, damit du Götter und Menschen deutlicher unterscheidest. Denn viele der Unsterblichen nehmen teil an diesem Kampfe. Hüte dich, einen von ihnen zu verletzen. Nur« – jetzt klang es wie ein heimliches Lachen in der Stimme der Göttin – »nur, wenn du Aphrodite begegnest – sie magst du verwunden!«

Dann war die Stimme verstummt.

Diomedes jagte zurück in die Schlacht, und wer ihm entgegentrat, dessen Seele musste zum Hades fahren.

Aeneas sah aus der Ferne voll Kummer, wie sich die Reihen der Troer lichteten. Gern hätte er selbst mit Diomedes gekämpft, doch konnte er sich nicht zu ihm durchschlagen. Zu viele Feinde warfen sich ihm entgegen.

Irgendeinmal tauchte in dem Getümmel Pandaros neben ihm auf. »Kannst du nicht den Würger mit einem deiner nie fehlenden Pfeile erlegen?«, sagte Aeneas hastig. »Unsere Krieger fallen vor ihm wie Gerstenhalme vor den Schnittern!«

Allein Pandaros schüttelte düster den Kopf. »Ich hätte ihn und Menelaos getötet«, sagte er ratlos. »Aber meine Pfeile sind von ihrem Weg abgeirrt. Plötzlich zur Seite geflogen, verstehst du? Beim Hades, wenn ich jemals heimkehre, dann zerbreche ich den Bogen und werfe ihn ins Feuer! Und irgendein namenloser Fremdling mag mir den Kopf von den Schultern hauen!«

Fast musste Aeneas über seinen Grimm lachen! »So sollst du nicht reden!«, sagte er begütigend. »Komm auf meinen Wagen, wir wollen versuchen, Diomedes zu erreichen. Uns beiden sollte es wohl gelingen, seinem Wüten Einhalt zu gebieten.«

Sie liefen zum Wagen, der am Fuß eines flachen Hügels hielt. Es war ein herrlicher Streitwagen, die hohen Räder hatten goldene Speichen, purpurne Teppiche deckten den Boden und die schön geschwungene Wand. Pandaros kannte das kostbare Gefährt. Er kannte auch die Pferde, die davorgespannt waren: die berühmten milchweißen Stuten mit der silberglänzenden Mähne und dem Schweif, der bis auf die Hufe reichte.

Sie sprangen auf und jagten am Rande des Schlachtfeldes auf die Achaier zu.

»Dort auf dem schwarzen Wagen – das ist Diomedes!«, rief Pandaros. »Er hat uns schon gesehen und lenkt sein Gespann auf uns zu!«

Die Kämpfenden wichen zurück, als die beiden Wagen aufeinander zujagten. Im gleichen Augenblick zügelten die Lenker ihre Rosse, nur noch einen Speerwurf voneinander entfernt.

Pandaros hatte die Lanze ergriffen, die an der Brüstung lehnte. »Sieh da, Diomedes!«, rief er. »Mein Pfeil scheint dir nur die Haut geritzt zu haben. Vielleicht geht meine Lanze dir ans Leben!«

Er schleuderte und er war sehr stark. Die Lanze durchschlug den Schild und fuhr durch den silbernen Harnisch, den Diomedes trug.

»Getroffen!«, jubelte Pandaros. »Du hast so viele unserer Gefährten zum Hades gesandt – nun fährst du selber hinab!«

Aber Diomedes lachte, riss die Lanze heraus und drehte sie blitzschnell um. »Gefehlt, Pandaros!«, rief er und beugte sich zurück. Die Lanze traf Pandaros in die Stirn. Er stürzte vom Wagen. Die Rüstung klirrte laut und schrecklich, als er auf dem Boden aufschlug.

Aeneas sprang ab und die weißen Stuten rasten laut aufwiehernd davon.

Achaische Krieger liefen herbei, um Pandaros die Rüstung zu nehmen.

Aber Aeneas stand neben dem Toten, hielt den Schild über ihn und das blanke Schwert in der Faust.

Da sprang auch Diomedes vom Wagen. Ein paar Steine lagen da auf dem zerstampften Boden. Er ergriff den größten und warf ihn mit aller Kraft.

Der Stein traf Aeneas an der Hüfte, zerschmetterte ihm das Gelenk und schlug ihm die Sehnen entzwei. Entsetzlicher Schmerz durchfuhr ihn und er sank in die Knie. Vor seinen Augen wurde es Nacht.

Dies hätte seinen Tod bedeutet.

Allein Aphrodite wachte über ihren Sohn. Sie war sehr nahe bei ihm, als er niederstürzte. Schnell breitete sie ihr Gewand über ihn, das wie aus schimmerndem Goldstaub gewirkt war. Niemand sah sie, als sie die Arme um Aeneas schlang und ihn forttrug.

Niemand außer Diomedes, dessen Augen Pallas Athene hellsichtig gemacht hatte, dass er die Unsterblichen erkannte.

Ein zorniger Ruf entfuhr ihm, als er begriff, was geschah.

Im nächsten Augenblick stand er auf seinem Wagen und jagte der Göttin nach. Oh nein, sie sollte ihm Aeneas nicht entreißen!

Als er ihr nahe genug war, hob er die Lanze. Sie traf Aphrodite am Handgelenk und er hörte ihren Aufschrei: denn auch die Unsterblichen fühlen Schmerz. Aus der Wunde ihrer Hand tropfte Blut, aber es war wie klarer Saft, denn Götter essen und trinken nicht wie Menschen und darum ist ihr Blut nicht rot.

Sie hatte Aeneas zu Boden gleiten lassen und Diomedes hielt unschlüssig an: denn es war ihm keineswegs behaglich zumute. »Was tust du auf dem Schlachtfeld, Göttin?«, sagte er mürrisch. »Kümmere dich um die Liebe unter den Sterblichen und halte dich fern von diesem grausamen Krieg!«

Aphrodite hatte aber indessen Phöbos Apollon gesehen, der zu ihrer Hilfe herbeieilte. So beschloss sie, Aeneas in seiner Obhut zurückzulassen und sich auf den Olympos zu begeben, wo ihre Wunde alsbald heilen würde.

Diomedes sah mit Befriedigung, wie sich die Göttin von dannen hob. Freilich sah er auch Phöbos Apollon, der jetzt seinen Schild über Aeneas hielt.

Aber er war so begierig, den berühmten Dardanerfürsten zu töten und ihm die Rüstung zu nehmen, dass er des Gottes nicht achtete und mit gezücktem Schwert vorsprang.

Entsetzt prallte er zurück: Dicht vor ihm flammte Apollons Schild auf wie Feuer!

Dreimal rannte Diomedes an; er musste die Rüstung haben!
Beim vierten Mal vernahm er die zornige Stimme des Gottes: »Hüte dich, Diomedes! Wage es nicht, gegen Götter zu kämpfen! Wer es tut, wird ein kurzes Leben haben!«
Da wich er zähneknirschend zurück.
Phöbos Apollon nahm Aeneas auf die Arme und trug ihn hinauf nach Pergamos in das innerste Heiligtum seines Tempels, wo Leto und Artemis in kurzer Frist seine schreckliche Wunde heilten: denn auch dies vermögen die Unsterblichen. –
Indessen hatte sich Aphrodite auf den Weg zum Olympos gemacht. Zuweilen ächzte sie vor Schmerzen.
Plötzlich sah sie auf einem Felsen ihren Bruder Ares, den Gott des Krieges, sitzen, neben ihm Iris, die Götterbotin. Am Fuß des Felsens hielt ein Wagen mit den wilden roten Pferden, mit denen er über die Schlachtfelder zu rasen pflegte.
Sehr zufrieden blickte er auf das Getümmel vor Troja hinab; bald feuerte sein Kriegsgeschrei die Troer an, bald die Achaier.
Aphrodite ließ sich neben ihm nieder. »Lieber Bruder«, flehte sie, »leihe mir deinen Wagen, damit ich schnell zum Olympos zurückkehren kann. Ich vergehe vor Schmerzen!«
»So nimm ihn!«, antwortete Ares achtlos, weil ihm der Kampf drunten wichtiger erschien als die Schmerzen seiner göttlichen Schwester.
Iris war schon auf den Wagen gesprungen und ergriff die Zügel. Kaum hatte Aphrodite den Sitz erreicht, der zwischen goldenen Riemen ausgespannt war, da stoben die Rosse davon, den Wolken zu.
Irgendeinmal ging es drunten wie ein Lauffeuer durch die Reihen der troischen Krieger: »Aeneas ist verschwunden! Hat Diomedes ihn erschlagen und hinüber zu den Achaiern geschleift, um ihm

die Rüstung zu rauben? Aber niemand hat es gesehen! Wehe uns! Wo ist Hektor? Man muss es ihm sagen!«

Allein Hektor hatte es schnell erfahren. Er jagte kreuz und quer über das Schlachtfeld und hielt voll Sorge nach dem Verschwundenen Ausschau.

Sarpedon, der Lykierfürst, stand neben ihm auf dem Wagen. »Siehst du, wie unsere Krieger schon zu zaudern beginnen?«, sagte er und beobachtete unruhig, wie die Troer da und dort zurückwichen. »Sie sind gewohnt, Aeneas in der vordersten Reihen zu sehen. Bei den Göttern, ich würde gerne fünf junge Stiere opfern, wenn ich wüsste, dass er noch am Leben ist!«

Jetzt lächelte Hektor. Seine scharfen Augen hatten etwas erspäht. »So opfere sie!«, sagte er fröhlich. »Sieh dorthin!«

Sarpedon schrie vor Verwunderung auf. Ja, dort stand Aeneas wie stets in der vordersten Reihe und sein Schwert zuckte auf und nieder wie der Blitz.

Denn Phöbos Apollon hatte wohl gesehen, wie den Troern der Mut sank, als sie Aeneas verloren glaubten. So brachte er ihn schleunigst zurück auf das Schlachtfeld: Dergleichen ist ja den Olympischen ein Leichtes.

Jetzt stürzten sich auch Hektor und Sarpedon wieder in den Kampf und ihre Krieger warfen sich mit neuem Ungestüm auf die Achaier. – Hera und Pallas Athene beobachteten es von ihrem goldenen Palast aus voll Verdruss.

»Siehst du, wie die Achaier zurückweichen?«, sagte Hera zornig. »Schon sind sie den Schiffen viel näher und die Troer drängen gewaltig nach. Es darf nicht sein, dass sie zuletzt dennoch siegen! Komm, wir müssen drunten selbst nach dem Rechten sehen: denn wenn wir Ares schalten lassen, wie er will, wird dieser Krieg nie ein Ende nehmen.«

Mit Windeseile schirrten sie Heras schnellfüßige Rosse an den Wagen, Athene warf ihr schimmerndes Gewand ab und hüllte sich in den nachtdunklen Harnisch ihres Vaters. Sie schwang die Aigis vor die Schulter, Zeus Kronions furchtbaren Schild, der das Haupt der Gorgo, des entsetzlichen Ungeheuers, trug und ringsum die Bilder aller Schrecknisse der Welt. Die schwere Lanze in der Rechten, sprang sie auf den Wagen und die Rüstung klirrte laut.

Hera schwang die Geißel, das Tor des Himmels flog krachend auf und die Rosse stürmten hinaus. Sie rasten unter den Sternen dahin, jagten durch Wolken über Berge und Täler und erreichten endlich die Erde, da, wo ganz nahe bei Troja die Wellen des Simois sich in den Skamandros ergießen.

Dort hielt Hera ihr Gespann an und blickte über das Schlachtfeld. Sie sah, dass Hektor und Odysseus in einem wilden Zweikampf begriffen waren. Die beiden Zwillingsbrüder Krethon und Orsilochos hatten Aeneas angegriffen. Sie büßten es mit dem Tode. Sarpedon und der Heraklessohn Tlepolemos standen einander gegenüber und riefen einander schmähende Worte zu, ehe sie im selben Augenblick ihre Lanzen schleuderten. In die Kehle getroffen, stürzte Tlepolemos nieder und seine Gefährten schleppten ihn eilig fort, damit die Troer ihm nicht die Rüstung nähmen.

Sarpedon aber war die Spitze der Lanze tief in den Schenkel gedrungen. Keiner von seinen Freunden, die ihn fortführten, dachte in der Verwirrung daran, sie herauszuziehen, auch er selber nicht, obgleich sie ihm so schreckliche Qual bereitete, dass ihm fast die Sinne schwanden.

Sie mussten ihn unter eine Buche in den Schatten legen, um sich der Feinde zu erwehren, die sie hart bedrängten. Während er dalag, eilte Hektor an ihm vorüber, ohne ihn zu sehen. Er rief ihn an, aber Hektor hörte ihn nicht und stürmte weiter: So grausam ist eben der Krieg. Sarpedon wartete, traurig und schmerzgeplagt und voll Angst, dass die Achaier ihn finden und töten würden.

Aber ihn fand zu seinem Glück ein wenig später sein Freund Pelagon, der ihm endlich die Lanze aus der Wunde zog und ihn in Sicherheit brachte.

Dies alles beobachteten Hera und Pallas Athene. Aber sie sahen noch etwas anderes.

Ares hatte plötzlich zu toben begonnen. Er hetzte seine roten Rosse hin und her über das Schlachtfeld und sein grausiges Kriegsgeschrei trieb die Troer gegen die Reihen der Achaier, als wehte ein Sturm sie vorwärts.

»Wir müssen ihm schleunigst das Handwerk legen oder alles ist verloren!«, sagte Hera wütend. »Aber wie denn nur?«

»Siehst du da drüben den schwarzen Wagen?«, rief Pallas Athene hastig. »Er gehört Diomedes! Er muss uns helfen! Denn wir selbst können ja nicht gegen Ares kämpfen!«

Sie jagten auf den schwarzen Streitwagen zu, auf dem Diomedes und Sthenelos, sein Rosselenker, standen. Einen Augenblick fuhren sie nebeneinanderher: Dann sprang Pallas Athene hinüber, stieß den erschrockenen Sthenelos einfach vom Wagen und ergriff Geißel und Zügel. Sogleich rasten die Rosse in wilden Sprüngen vorwärts. Diomedes betrachtete die Göttin mit Misstrauen: Was wollte sie von ihm? Er war übler Laune, denn die Wunde, die ihm Pandaros' Pfeil zugefügt hatte, schmerzte sehr.

»Ich habe deine Augen hellsichtig gemacht, Diomedes«, redete Athene ihn schnell an. »Siehst du Ares dort drüben bei den Troern? Er hetzt sie so wild in den Kampf, dass sie gewiss noch siegen werden! Du kannst es verhindern! Verwunde ihn, dann muss er sein Toben einstellen!«

»Ich?«, rief Diomedes entsetzt. »Nein, Göttin! Die Unsterblichen haben mir heute schon übel genug mitgespielt und ich bin froh, Phöbos Apollon lebend entronnen zu sein. Du hast mir doch verboten, gegen Götter zu kämpfen!«

»Ja«, sagte sie ungeduldig, »aber solange ich bei dir bin, kann dir nichts geschehen. Gib jetzt gut acht! Die roten Rosse kommen gerade auf uns zu! Gewiss gelüstet es Ares, mit dem tapfersten Helden der Achaier zu kämpfen!«

Danach ging alles so schnell, dass Diomedes nicht wusste, wie ihm geschah. Die roten Rosse jagten heran, Ares beugte sich herüber, die Lanze in der Faust, bereit zuzustoßen, sobald die beiden Wagen dicht nebeneinander wären. Diomedes biss die Zähne zusammen und hob ebenfalls seine Lanze, aber – er fühlte mit Schrecken, wie eine fremde Kraft den Schaft zur Seite stieß, dass die eherne Spitze genau auf den Bauch des wütenden Kriegsgottes zielte – und als Ares just selber zustoßen wollte, fuhr sie wie der Blitz in seine Eingeweide.

Ares brüllte so, dass Diomedes Hören und Sehen verging. Nein, tausend Männer vermochten nicht, lauter zu brüllen, schien ihm. Pallas Athene aber zog flink die Lanze wieder zurück, und als er sich frei sah, entschwand Ares, sich notdürftig ins Gewölk hüllend, samt seinem Gespann in die Lüfte, um schleunigst den Olympos zu erreichen.

»Er leidet jetzt große Schmerzen«, sagte Pallas Athene ganz ohne Mitleid, »aber da er zu den Unsterblichen gehört, wird er wieder genesen. Bringe mich zurück zu Heras Wagen!« Sie lächelte. »Dort wirst du auch Sthenelos, deinen Rosselenker, finden. Er hat indessen die weißen Stuten des Aeneas eingefangen! So hast du wenigstens sein kostbares Gespann, nachdem dir Phöbos Apollon ja nicht erlaubte, seine Rüstung zu nehmen.«

Hera hatte mit großer Befriedigung gesehen, wie Ares entfloh, und sie beschloss, augenblicklich die Achaier zum Kampf zu ermuntern. Unter ihren Kriegern befand sich ein Mann, dessen Brustkorb so gewaltig war, dass seine Stimme tönte wie die Stimmen von fünfzig gewöhnlichen Männern. Er hieß Stentor, und wenn er rief, war es meilenweit zu hören.

Hera nahm jetzt seine Stimme. »Schmach über euch, Achaier!«, rief sie, dass es laut über das Schlachtfeld scholl. »Bald haben die Troer euch bis ans Ufer des Meeres zurückgedrängt. Das wäre niemals geschehen, solange Achilleus kämpfte! Aber ihr anderen habt nur matte Herzen, will mir scheinen. Rafft euch auf und führt den Kampf zu Ende! Die Götter haben ja Trojas Untergang beschlossen!«

Die Achaier hörten es mit Grimm und Beschämung.

Auch Agamemnon hörte es und stieß eine Verwünschung aus. Immer und überall Achilleus! »Der Hades möge ihn verschlingen!«, knirschte er. Aber er hätte die Hälfte seiner Schätze geopfert, um den Peliden zu versöhnen. Sein zorniger Schlachtruf trieb die Krieger von Neuem in den Kampf.

4 Helenos, der Seher, trat aus dem Tempel Athenes auf Pergamos. Sein Gesicht war ernst und in seinen Augen lag eine tiefe Traurigkeit: denn nur selten vermögen die Menschen, fröhlich zu sein, denen die Götter verliehen haben, in die Zukunft zu schauen.

Helenos war einer von den vielen Söhnen des Königs Priamos. Er war kein Krieger, sondern ein hochgelehrter Mann, der die Künste liebte, ein Weiser, dem Kampf und Gewalt Grauen einflößten. Längst kannte er Trojas künftiges Schicksal. Aber er sprach zu niemandem darüber. Warum auch? Sie würden es alle noch früh genug erfahren. Bis dahin sollten sie hoffen dürfen.

Sogar er selbst hoffte zuweilen noch, die Götter könnten sich der unseligen Stadt und ihrer Bewohner erbarmen.

Darum war er jetzt viele Stunden im Tempel gewesen und hatte zu Athene gefleht. Aber von dem weißen Marmorbild der Göttin war kein Trost ausgegangen und er fühlte, dass seine Bitten sich in einer schrecklichen Leere verloren.

Er wusste, Pallas Athene war den Troern nicht freundlich. Es mochte wohl darum sein, weil Reichtum und Wohlleben sie immer mehr auf die Götter vergessen ließen: So waren die Menschen nun einmal.

Aber nun hatte dieser Krieg so viel Elend über sie gebracht. Vielleicht würden sie endlich zur Einsicht kommen.

Helenos begann, schneller zu gehen. Er stieg hinab in die untere Stadt zu seinem Haus, befahl den Dienern, die Pferde vor den Wagen zu spannen, und fuhr gleich darauf durch das skäische Tor hinaus und den Hang hinunter in die Ebene, wo die Schlacht tobte. Seine Augen suchten Hektor. Irgendwo im ärgsten Getümmel leuchtete der feuerrote Helmbusch, an dem er seinen Bruder erkannte.

Er wartete eine Weile, und als es einmal ein wenig ruhiger geworden war, trieb er die Rosse an. Hektor sah ihn sogleich. Sein Schwert schaffte ihm Raum und er sprang zu Helenos auf den Wagen. »Was suchst du hier auf dem Schlachtfeld?«, fragte er verwundert.

»Dich!«, antwortete Helenos. »Komm mit mir in die Stadt: Du sollst zwei Dinge tun. Bitte unsere Mutter, dass sie sich mit den Frauen in den Tempel Athenes begibt, um zur Göttin um Rettung zu flehen.« Er blickte mitleidig in Hektors Gesicht, das vor Staub, Blut und Schweiß fast unkenntlich war. »Du weißt, die Gefahr ist jetzt sehr groß geworden«, fügte er ernst hinzu. »Das Zweite ist: Geh zu unserem Bruder Paris und zwinge ihn, wieder zu kämpfen. Es ist nicht gerecht, dass er, der an allem Unheil schuld ist, gemächlich bei den Frauen sitzt, während ihr seinetwegen euer Leben aufs Spiel setzt!«

Hektor zögerte nur einen Augenblick. »Ich verlasse die Krieger ungern!«, sagte er. »Es macht ihnen Mut, wenn sie mich sehen. Aber du hast recht: Wenn wir Pallas Athene nicht versöhnen können, wird sie uns vernichten. Und Paris – ich verspreche dir, er wird wieder kämpfen, und wenn ich ihn an den Haaren herbeischleifen müsste!«

Er hielt inne und der Schein eines Lächelns flog über sein müdes Gesicht. »Ich will noch etwas anderes tun, Helenos! Für eine kurze Weile will ich Andromache wiedersehen und meinen kleinen Sohn. Denn ich weiß nicht, ob die Götter mir vergönnen werden, aus dieser Schlacht zurückzukehren.«

Helenos gab keine Antwort und er konnte seinen Bruder nicht ansehen: denn er kannte Hektors Schicksal . . .

Sie jagten zur Stadt hinauf.

In den Gassen umdrängten sie die Frauen. Sie fragten nach ihren Männern, nach ihren Söhnen und Brüdern.

Hektor redete freundlich zu ihnen wie sonst: Aber das Herz tat ihm weh, weil er wusste, dass viele, die ausgezogen waren, nicht wiederkommen würden.

Endlich erreichten sie den Königspalast.

Helenos begab sich in seine Gemächer und Hektor machte sich auf die Suche nach seiner Mutter.

In der Halle mit den vergoldeten Säulen kam ihm Hekabe, die Königin, mit ihren Mägden entgegen. »Hektor, mein Sohn!«, rief sie voll Freude. »Kommst du, um ein wenig auszuruhen von dem schrecklichen Kampf? Immer bist du in der vordersten Reihe, erzählt jedermann! Dein Mut wird dich noch töten! Aber warte, ich will dir einen Becher Wein zur Stärkung bringen lassen!«

Hektor legte den Arm um ihre Schultern. »Nein, Mutter! Ich mag nicht Wein trinken, während die anderen draußen kämpfen! Aber ich bitte dich: Sammle die Frauen um dich und führe sie in Athenes Tempel. Gelobe der Göttin, ihr zwölf junge Rinder zu opfern; nimm auch das kostbarste Gewand aus deinen Truhen und lege es ihr zu Füßen. Und dann fleht sie an, sich Trojas zu erbarmen!« Er schob sie sanft von sich. »Geh, Mutter, es ist schon sehr spät für uns geworden! Leicht könnte es bald zu spät sein! Ich muss fort, um Paris zu suchen.«

Hekabe nickte traurig. »Ja, das musst du wohl! Warum können nicht alle meine Söhne so sein wie du?«

Sie befahl den Mägden, sogleich die Frauen aus dem Palast und den Häusern der Fürsten zusammenzurufen. –

Hektor fand Paris in seinem Hause, das herrlicher ausgestattet war als selbst der Königspalast.

Paris empfing ihn missmutig und mit verlegenem Gesicht. »Es ist nicht meine Schuld, dass ich hier bin!«, sagte er trotzig und wies auf allerlei kostbares Rüstzeug, das rings in der Kammer verstreut lag. »Du siehst, ich bin gerade dabei, mich zu waffnen, um wieder in den Kampf zu gehen!«

»Ja!«, sagte Hektor zornig. »Ich sehe, dass du gerade dabei bist zu versuchen, in welchem Harnisch du am prächtigsten aussiehst und welcher Helm dir am besten zu Gesicht steht! Draußen vor der Stadt aber sterben unsere Krieger!«

Er wandte sich um, weil er hinter sich schnelle leichte Schritte hörte: Helena stand vor ihm.

Sie war so schön wie eh und je, nur ihre Augen flackerten unruhig, denn sie hatte entsetzliche Angst.

»Hektor, lieber Schwager«, sagte sie schmeichelnd, »willst du nicht eintreten und dich niedersetzen, du bist gewiss müde vom Kampfe. Oder magst du nicht unter einem Dach mit mir bleiben, weil ich so viel Unheil gestiftet habe? Glaube mir, ich wünschte, ein Orkan hätte mich an dem Tage, als ich geboren wurde, fortgetragen auf eine einsame Insel oder mich ins Meer geschleudert. Dann wäre euch vieles erspart geblieben. So aber werden spätere Geschlechter ein Lied singen über Paris, den Frevler, und über mich schändliches Weib. Oh sage mir, was soll ich tun?«

Sie strich bittend über seinen Arm und er fühlte, wie ihre Hand zitterte.

Hektor blickte hinab in ihr Gesicht. Er sah, dass in ihren Augen Tränen schimmerten, aber es rührte ihn nicht. Sie war wie eine Katze und man wusste niemals, was sie wirklich dachte.

»Du fragst mich, was du tun sollst?«, wiederholte er kühl. »Ich werde es dir sagen: Sorge dafür, dass Paris sich augenblicklich wieder auf das Schlachtfeld begibt! Du hast doch große Macht über ihn, meine ich! Oder willst du, dass die Troer ihn mit Recht einen Feigling schelten?« Er wandte sich zum Gehen, ohne seinen Bruder noch eines Blickes zu würdigen.

Paris, der stumm und mit finsterem Gesicht dastand, fuhr heftig auf. »Du brauchst mich nicht daran zu erinnern! Ich weiß selbst, was mir Pflicht und Ehre gebieten. Du magst ruhig gehen! Vielleicht hole ich dich noch ein, ehe du die Ebene erreichst!«
Eilig begann er, die silbernen Beinschienen anzulegen. Hektor zuckte unmerklich die Schultern und ging. So war Paris eben und nichts vermochte ihn zu ändern.
Schnellen Schrittes ging er seinem Hause zu, wo er Andromache finden würde und seinen kleinen Sohn Astyanax.
Aber Andromache war nicht da. Die alte Dienerin, die ihn am Tore empfing, sagte: »Die Herrin ist mit dem Knaben und der Wärterin zum skäischen Tor gegangen. Sie hatte große Angst um dich, edler Hektor, und sie wollte dich wenigstens aus der Ferne sehen!«
»Ich danke dir!« Hektor rannte an der Stadtmauer entlang hinab dem Tor zu. Er musste Andromache schnell finden: Sie würde vor Sorge vergehen, wenn sie ihn unter den Kämpfenden nicht mehr entdecken konnte!
Gleich darauf sah er sie. Schnell lehnte er Schild und Lanze an die Mauer und lief auf sie zu.
Andromache hastete die Gasse herauf, die Augen blind vor Tränen. Sie erkannte ihn erst, als sie dicht vor ihm war.
Mitleidig nahm er sie in die Arme. Sie umschlang ihn, als wollte sie ihn nie mehr fortlassen.
»Oh mein lieber Gemahl!«, sagte sie schluchzend. »Ich glaubte schon, du wärst tot! Die Augen habe ich mir ausgeschaut, aber ich konnte dich nicht mehr sehen. Wie sollte ich wissen, dass du in der Stadt warst? Aber nun bleibst du doch wenigstens eine Weile bei mir! Einmal musst du ja rasten, du siehst entsetzlich müde aus. Immer kämpfst du in der vordersten Reihe – bis sie dich töten! Denkst du nicht an mich und deinen Sohn?«

So redete sie hastig und voll Angst.

Er strich ihr übers Haar, von dem der Schleier herabgeglitten war.

»Du weißt, wie gern ich bleiben möchte«, sagte er traurig, »aber ich kann nicht! Und sorge dich nicht allzu sehr: Niemand vermag mich zu töten, wenn es nicht mein Schicksal ist. Ist es aber mein Schicksal, so werde ich ihm nicht entrinnen, was ich auch tun mag!«

Indessen war die Wächterin mit dem Knaben herangekommen.

Hektor nahm ihn auf den Arm. Aber Astyanax begann zu weinen: denn er fürchtete sich vor dem riesigen feuerroten Helmbusch, vor dem harten klirrenden Harnisch und dem von Blut und Staub verschmierten Gesicht des Vaters.

Hektor lachte und nahm den Helm ab. Aber er wurde sogleich wieder ernst. »Bei den Göttern, ich könnte alles ertragen, nur nicht, dass die Feinde ihn fortschleppen und du für eine fremde Gebieterin Sklavinnenarbeit tun müsstest! Darum kämpfe ich, solange ich einen Tropfen Blut in den Adern habe!«

»Habe ich dir nicht gesagt, dass ich dich einholen werde, ehe du noch das Schlachtfeld erreichst?«, sagte eine triumphierende Stimme hinter seinem Rücken.

Er fuhr herum. Paris stand vor ihm, herrlich gerüstet und strahlend von heldischer Schönheit.

Fast hätte Hektor wieder gelacht; immer gelang es doch Paris, als das zu erscheinen, was er niemals war: ein Held.

Ein wenig später jagten die beiden ungleichen Brüder auf Hektors Wagen den Hang hinab, wo noch immer der Kampf tobte.

Andromache stieg auf den Turm, den Knaben in den Armen. Sie blickte dem Wagen nach, bis er im Gewühl und in der dichten Staubwolke verschwand, die über dem Schlachtfeld hing.

Ich müsste mit Astyanax heimgehen, dachte sie. Aber sie ging nicht.

Sie stand da auf dem Turm und drückte das Kind an sich und der Wind zerrte an ihrem Gewand.

Aber drunten tauchte manchmal der feuerrote Helmbusch aus der Staubwolke auf und dann wusste sie wieder für eine kurze Weile, dass Hektor noch lebte. –

Helenos, der Seher, fand keine Ruhe mehr. Nachdem er Hektor verlassen hatte, ging er eine Weile, in seine düsteren Gedanken versunken, in seinen Gemächern hin und her. Dann stieg er hinauf zur Burg. Aus Athenes Tempel drang das Gebet der Frauen. Apollons Heiligtum lag still und leer.

Nein, da war jemand!

Helenos fühlte im selben Augenblick den wohlbekannten Schauer, der ihn immer überkam, wenn ihn seine Gesichte heimsuchten.

Er erkannte Phöbos Apollon sogleich. Aber während er noch hinsah, zuckte es draußen wie ein greller Blitz über den blauen Himmel, dass er geblendet die Augen schließen musste.

Gleich darauf vernahm er die Stimme des Gottes.

»Was führt die mächtige Pallas Athene schon wieder herab vom hohen Olympos? Hast du Angst, die Troer könnten zu viele von deinen geliebten Achaiern zum Hades senden?«

»Spotte nicht!«, sagte die Göttin zornig. »Lass uns lieber beraten, wie wir dem Morden Einhalt gebieten! Zwar muss Troja untergehen; aber ich will nicht, dass auch die Achaier scharenweise sterben.«

»Nun, vielleicht wäre Hektor zum Zweikampf mit einem der achaischen Fürsten bereit!«, antwortete Apollon. »Es bedeutet keine Gefahr für ihn: Du weißt, noch ist ihm nicht der Tod bestimmt.«

Als Helenos das hörte, überkam ihn eine große Freude. Er eilte fort, rief seinen Rosselenker und fuhr abermals zum Schlachtfeld hinab.

»Das ist eine gute Botschaft«, sagte Hektor, als er alles erfahren hatte. »Ich will den Zweikampf gern auf mich nehmen, wenn ich unter den Achaiern einen finde, der mit mir kämpfen mag!«
Helenos nickte. Das schien freilich keineswegs sicher: Ein Zweikampf mit Hektor bedeutete fast sicheren Tod. Das wussten alle, Troer und Achaier.
Hektor hob die Lanze waagrecht hoch über den Kopf. »Hört mich, ihr Krieger!«, rief er laut über das Getümmel.
Es wurde schnell still ringsum. »Viele von den Eurigen und von den Unsrigen sind an diesem Tage gefallen«, fuhr er fort. »Dem will ich ein Ende machen. Ich biete den achaischen Fürsten einen Zweikampf an. Alle mögen bis morgen Frieden haben!«
Er trat zurück und wartete. Aber drüben bei den Achaiern rührte sich niemand. Sie standen da, blickten voll Scham zu Boden und wussten, dass es schimpflich war, sich zu weigern; eine tödliche Gefahr aber war es, diesen Kampf aufzunehmen. Endlich trat Menelaos vor: Er mochte es wohl für seine Pflicht halten.
»Wenn keiner von den Achaiern es wagt, so will ich es selber wagen!«, sagte er heiser. »Aber mögt ihr euch alle in Erde und Wasser verwandeln, so feige und unrühmlich, wie ihr dasteht.«
Mit einem schnellen Schritt trat Agamemnon neben ihn. »Besinne dich, Menelaos!«, sagte er heftig. »Es ist Wahnwitz, was du tun willst. Hektor ist stärker und kampfgeübter als du und ich weiß nicht einmal, ob Achilleus ihn zu besiegen vermöchte!«
»Dein Bruder hat recht!«, warnte auch Nestor. Er sah sich mit leiser Verachtung unter den Fürsten um. »Bei den Göttern, wenn ich so jung wäre wie ihr, würde ich keinen Augenblick zaudern. Doch ach, mich hindert das Alter!«
Indessen hatten sich die Fürsten wieder gefasst. Einer nach dem andern trat vor. Agamemnon selbst zuerst, zugleich mit ihm Dio-

medes und die beiden Ajax, darauf Odysseus, Idomeneus der Kreter, Meriones, Eurypylos und Thoas.
Nestor nahm den Helm ab. »So soll das Los zwischen euch entscheiden!«
Jeder warf ein Zeichen hinein und Nestor schüttelte den Helm abgewandten Gesichtes.
Das Los traf Ajax Telamonssohn.
Er hob seine Waffen auf, die schwere Lanze und den siebenschichtigen Schild aus Stierhaut, der außen mit Erz überzogen war.
Ruhig ging er hinüber, dorthin, wo Hektor stand. Sie blickten einander ins Gesicht, ernst und ohne Feindschaft.
Hektor kannte Ajax längst; er war ein tapferer, ehrlicher Gegner und sehr stark.
»Nun ist also uns beiden dieser Kampf bestimmt«, sagte Ajax. »Du magst ihn beginnen!«
»Du weißt, dass ich zu kämpfen verstehe!«, antwortete Hektor. »Und ich werde mit aller Kraft kämpfen! Aber du kannst gewiss sein, dass ich niemals mit gemeiner List versuchen werde, dich zu töten! Noch eines«, fügte er hinzu, »wir wollen einander ein Versprechen geben! Sterbe ich, so wirst du den Meinigen erlauben, mich in meiner Rüstung und mit meinen Waffen nach Troja zu bringen, damit sie mich ehrenvoll bestatten! Fällst du aber, so mögen die Achaier dir am Ufer des Hellespontos einen hohen Grabhügel errichten, damit die später Geborenen, wenn sie in ihren Schiffen vorüberfahren, zueinander sagen: ›Seht, dort ist das Grab des Mannes, der einst tapfer gegen Hektor gekämpft hat!‹ Das wird uns beiden zum ewigen Ruhme sein!«
Sie traten zurück und Hektor hob als Erster die Lanze. Er schleuderte sie mit aller Kraft und sie traf den siebenschichtigen Schild

mit solcher Gewalt, dass Ajax taumelte. Dennoch vermochte sie die letzte Schicht nicht zu durchdringen und sank matt herab. Nein, keine Waffe konnte diesen Schild zerbrechen, den der berühmte Tychios selbst verfertigt hatte.

Jetzt schleuderte Ajax. Die eherne Spitze durchschlug Hektors Schild, fuhr an der Seite durch den silbernen Harnisch und blieb darin stecken.

Sie rissen die Lanzen heraus, kehrten sich blitzschnell um und sprangen aufeinander zu wie zwei zornige Löwen.

Es schien, als sollte Hektor in diesem Kampfe kein Glück haben. Seine Lanze zersplitterte bei dem schrecklichen Stoß.

Ajax aber traf ihn hart über dem oberen Schildrand in die Schulter. Die Wunde war nicht tief und Hektor achtete nicht darauf. Er bückte sich, hob einen schweren Stein auf, schwang ihn vor und zurück und warf. Auch diesmal rettete der siebenschichtige Schild Ajax das Leben: denn der Stein hätte ihm den Brustkorb zerschmettert.

»Sie sind beide gleich stark und gleich gute Kämpfer«, sprachen Troer und Achaier besorgt untereinander, als jetzt Ajax mit einem gewaltigen Wurf Hektors Schild zerschlug.

Hektor stürzte rücklings nieder, aber er sprang sogleich wieder auf und sie griffen nach ihren Schwertern.

Indessen aber hatten ihre Gefährten auf beiden Seiten beschlossen, dem Zweikampf ein Ende zu machen. »Denn«, so meinten sie, »beide werden einander zuletzt zu Tode verwunden und wir haben unsere besten Kämpfer verloren. Was hätte es für einen Sinn?«

So sprangen, als die Schwerter aus der Scheide fuhren, von beiden Seiten die Herolde vor und steckten ihre Stäbe zwischen die Kämpfenden.

»Bald wird es Nacht«, sagten sie, »und die Nacht ist nicht des Menschen Freund. Lasst ab vom Streit und wartet den Morgen ab!«
Ajax senkte das Schwert. »Wenn Hektor es will!«
»Ja«, sagte Hektor, »wir wollen heute in Frieden und Freundschaft auseinandergehen. Morgen oder eines anderen Tages werden wir weiterkämpfen, bis ein Dämon uns trennt und einem unserer beiden Völker den Sieg verleiht.«
Er steckte das Schwert in die Scheide, löste es vom Riemen und streckte es Ajax hin. »Nimm mein Schwert zum Geschenk! Jedermann soll wissen, dass es keine Feindschaft zwischen uns gibt.«
»Ich danke dir!«, sagte Ajax ernst. »Willst du meinen Gürtel annehmen? Du siehst, es ist keine ärmliche Gabe!«
Und er reichte Hektor den kostbaren, reich mit Gold beschlagenen Gürtel. –
Aber am Morgen gab es keinen Kampf. Denn in der Nacht versammelten sich sowohl im Königspalast in Troja als auch in Agamemnons Zelt die Fürsten und Ältesten und hielten Rat.
Für Troer und Achaier hatte sich die gleiche große Sorge erhoben: Man musste die Toten bestatten.
»Wir wollen einen Boten an König Priamos senden«, sprach Nestor, »und den Troern für den morgigen Tag Frieden bieten. Sie müssen unser Angebot annehmen, denn es ergeht ihnen nicht anders als uns. Wir werden Holz aus den Wäldern holen, große Scheiterhaufen errichten und unsere Toten dem Feuer übergeben, wie es sich geziemt. Aber, Freunde – wir werden den Tag noch zu etwas anderem nützen und dabei muss jeder Mann mithelfen: sonst wird es uns nicht gelingen, denn ein Tag ist kurz. Hört zu! Die Troer werden alles versuchen, um an unsere Zelte und an die Schiffe heranzukommen und sie in Brand zu stecken. Darum müssen wir rings um das Lager eine Mauer bauen und sie

mit einem breiten, tiefen Graben umgeben, in dessen Rand wir spitze Pfähle einrammen. So schützen wir uns und die Schiffe.« Die Achaier begrüßten den klugen Plan mit lautem Beifall. –
Unter den troischen Fürsten, die im Königspalast versammelt waren, herrschte dagegen zu dieser Stunde wenig Eintracht.
Antenor hatte sich gleich zu Anfang erhoben. »König Priamos, du weißt, dass wir diesen Kampf zu Unrecht weiterführen. Wir haben den Eid gebrochen, den du geschworen hast! Niemand wird leugnen, dass Menelaos Paris besiegt und gefangen genommen hat. Aber wir haben weder Helena zurückgegeben noch die Schätze, die Paris aus Argos geraubt hat. Nein, sondern Pandaros hat Menelaos verwundet und der Kampf dauert fort. Wie können wir da erwarten, dass die Unsterblichen uns gnädig sind? Ich rate euch gut: Paris mag Helena schleunigst samt den Schätzen zu ihrem Gemahl zurücksenden und dazu eine geziemende Buße bezahlen. Sonst werden wir . . .«
Er konnte nicht weiterreden, denn Paris sprang auf, feuerrot vor Zorn. »Die Götter müssen deinen Verstand verwirrt haben, Antenor!«, schrie er. »Ich sage euch, Helena gebe ich niemals zurück, hört ihr, niemals! Meinetwegen sollen die Achaier ihre Schätze wiederhaben und noch etwas dazu! Aber nicht Helena!«
Eine Weile schrien die Fürsten zornig durcheinander, dann gebot Priamos Ruhe. »Wir werden morgen sogleich einen Herold zu den Achaiern senden«, sagte er, aber es klang nicht hoffnungsfroh. »Gewiss werden sie uns für diesen Tag Frieden geben: denn man darf die Toten nicht unbestattet lassen, weil ihre Seelen sonst in der Finsternis des Tartaros trostlos umherirren. Freilich glaube ich nicht, dass die Achaier einwilligen werden, sich mit den Schätzen und der Buße zu begnügen, die du ihnen anbietest, mein Sohn!«

Er sollte recht behalten. Die Achaier lachten dem Herold ins Gesicht, als er ihnen am Morgen die Botschaft brachte. Zwar stimmte Agamemnon sogleich zu, ja, die Toten müssten bestattet werden, das seien die Lebenden ihnen schuldig.

Aber dann sagte Diomedes mit finsterem Gesicht: »Niemand wage es, bei meinem Zorn, jetzt noch von Paris die Schätze oder die Frau zurückzunehmen! Selbst ein Tor muss ja erkennen, dass das Unheil schon über den Häuptern der Troer hängt!« –

So brannten an diesem Tag hüben und drüben die Totenfeuer.

Aber die Troer sahen voll Grimm, dass jenseits der rauchenden Holzstöße die achaischen Krieger in fieberhafter Eile arbeiteten. Ein Wall wuchs mit zauberischer Schnelligkeit rings um das Lager auf; vom Rande des tiefen Grabens, der ihn umgab, starrten feindlich die scharf gespitzten Pfähle empor – kurzum, die Achaier hatten im Handumdrehen ihr Zeltlager in eine Festung verwandelt.

Aber nicht nur die Troer, sondern auch die Götter auf dem Olympos beobachteten das Treiben da drunten mit Missfallen.

»Zeus Kronion«, sagte endlich Poseidon wütend, »kümmert sich überhaupt noch ein einziger dieser überheblichen Sterblichen um uns Götter? Da haben die Achaier nun ihre Mauer gebaut, ohne dass sie uns vorher auch nur ein Zicklein geopfert hätten! Ja, sie haben es nicht einmal der Mühe wert gefunden, uns um das Gelingen ihres Werkes zu bitten!«

Zeus lachte grimmig. »Wir können sie nicht zwingen, uns zu verehren! Nur Furcht einjagen können wir ihnen und das werde ich heute Nacht tun!«

Poseidons Augen funkelten böse. »Ich hätte die größte Lust, das Meer aufzuwühlen, dass es die Gestade überflutet und Schiffe und Zelte und sie selbst hinwegschwemmt!«

»Das wirst du nicht tun!«, fuhr ihn Zeus an. »Zwar bist du der Beherrscher der Meere, aber du hast mir zu gehorchen! Meinetwegen magst du dann, wenn die Achaier mit ihren Schiffen heimgefahren sind, das Lager dem Wind und den Wellen preisgeben, bis alles, was ihre Hände gebaut haben, tief unter dem Sand begraben ist.«

In dieser Nacht war Zeus Kronion sehr übler Laune.

Die Achaier hielten ein großes Festmahl zu Ehren der Toten, ein paar Schiffe aus Lemnos, beladen mit Wein, waren gelandet und so hätte es eine sehr schöne Nacht werden können. Aber Zeus sandte Blitz auf Blitz; sie schlugen in Zelte und Schiffe und der Donner krachte entsetzlich.

So kam es zu keiner rechten Festesfreude und keiner der erschrockenen Krieger wagte, etwa einen Becher Wein zu trinken, ohne zuvor ein weniges auszugießen als Gabe für die Götter.

Zeus Kronion aber beschloss, die Olympischen am Morgen zu einer Versammlung zu berufen. »Denn«, so sprach er grollend zu sich, »sie werden immer aufsässiger und in diesem Krieg um Troja haben sie schon genug Verwirrung gestiftet. Das muss jetzt ein Ende haben!«

5 Zeus Kronion redete lange und zornig zur Versammlung der Götter. »Sollte jemand von euch es dennoch wagen, den Troern oder Achaiern eigenmächtig zu helfen, so werde ich ihn in die Tiefe des Tartaros hinabschleudern!«, schloss er und die Drohung ließ die Olympischen schaudern.

Stumm saßen sie da auf ihren goldenen Thronen. Nur Pallas Athene sagte nach einer Weile: »Da du es verbietest, werden wir also nicht mehr in den Kampf eingreifen. Aber gewiss erlaubst du uns, den Achaiern zu raten, damit sie nicht alle zugrunde gehen.«

Da lächelte Zeus über die Klugheit seiner Tochter, die einst seinem Haupte entsprossen war.

Er ging fort, schirrte die Rosse mit den ehernen Hufen an und begab sich auf den Berg Ida, wo ihm ein heiliger Hain und ein Opferaltar geweiht waren.

Von dort blickte er hinab auf das Schlachtfeld. Er sah, wie das Kriegsglück zwischen Troern und Achaiern hin und her schwankte.

Als die Sonne am Himmel stand, erhob er sich, nahm die goldene Waage des Schicksals aus seinem Wagen und legte in jede Schale ein Los: eines für die Troer und eines für die Achaier.

Da sank die Schale der Achaier tief hinab.

Zeus hob den Arm und schleuderte einen furchtbaren Blitzstrahl quer über den Himmel zur Erde. Er fuhr mitten in die vordersten Reihen der Achaier, wo Agamemnon, Nestor, Diomedes, beide Ajax, Idomeneus und Odysseus mit ihren Kampfwagen hielten. Wild aufwiehernd, stoben die Rosse nach allen Seiten davon.

Nur Nestors Wagen konnte nicht von der Stelle. Eines seiner Pferde hatte ein Pfeil in die Stirn getroffen und es wälzte sich vor Schmerzen auf dem Boden.

Hektor, der ein wenig entfernt über das Feld jagte, gewahrte es und rief seinem Rosselenker zu: »Dort vorne ist Nestor! Schnell, wir müssen ihn haben! Er ist der klügste Ratgeber der Achaier und sein Schild aus lauterem Gold ist eine kostbare Beute!«

Der Lenker trieb die schwarzen Hengste an und sie sprangen vorwärts, dass die Erde unter ihren Hufen dröhnte.

Aber zugleich hatte auch Diomedes Nestors Bedrängnis gesehen. Seinen Wagen zogen die milchweißen Stuten, die er von Aeneas erbeutet hatte. Es gab kein schnelleres Gespann als sie, merkte er mit Entzücken.

Diomedes riss sie herum und raste zurück. Hart neben Nestors Wagen hielt er an. »Spring herüber zu mir!«, rief er. »Sonst kann dich nichts vor Hektor retten!« Nestor gehorchte sofort, ergriff die Zügel und lenkte die weißen Stuten Hektor entgegen.

Als sie einander nahe genug waren, schleuderte Diomedes seine Lanze. Sie verfehlte Hektor, aber sie stürzte den Rosselenker vom Wagen.

Aber im nächsten Augenblick hatte sich schon ein anderer troischer Krieger hinaufgeschwungen und bändigte die Pferde, die erschrocken zurückgeprallt waren.

Jetzt hielt auch Nestor den Wagen an. Diomedes riss das Schwert aus der Scheide. »Es trifft sich gut, dass wir uns begegnen, edler Hektor!«, rief er. »Seit Langem gelüstet es mich nach einem Zweikampf mit dir!« Er machte sich bereit abzuspringen.

Doch Zeus Kronion gefiel dieser Zweikampf nicht.

Abermals fuhr sein Blitzstrahl herab, gerade vor die Köpfe der weißen Stuten, und der Geruch von verbranntem Schwefel erfüllte die Luft.

Nestors Händen waren die purpurnen Zügel entglitten. Freilich raffte er sie sogleich wieder auf, aber er sagte: »Wir wollen fliehen, Diomedes! Du siehst, Zeus Kronion ist gegen uns!«

»Vielleicht hast du recht!«, erwiderte Diomedes düster. »Aber ich will nicht, dass Hektor den Troern erzählt, ich sei vor ihm geflohen!«
Nestor aber wollte nicht hören und lenkte die weißen Stuten zurück zum Lager.
Hektor stieß einen verblüfften Ruf aus, als er es sah. »Steh, Diomedes! Oder bist du plötzlich feige geworden? Und du willst Troja erobern und unsere Frauen und Schätze als Beute fortführen?«
Diomedes biss die Zähne zusammen. Nein, den Spott konnte er nicht ertragen!
Dreimal ergriff er die Zügel und warf die Pferde herum; aber dreimal fuhr Zeus Kronions Blitzstrahl dicht vor ihm in die Erde.
Da gab er es auf. –
Unterdessen herrschte bei den achaischen Krieger eine große Verwirrung und Unsicherheit.
Sie sahen die niederzuckenden Blitze, die davonrasenden Pferde, die ihre Lenker vergeblich zu halten versuchten.
Sie sahen zuletzt mit Schrecken, wie selbst Diomedes floh.
Da begannen sie, zurückzudrängen gegen das Lager: Dort war der Graben mit den spitzen Pfählen und die Mauer, die Schutz verhieß.
Agamemnons Lenker hatte die scheuenden Pferde endlich zum Stehen gebracht. Der König blickte sich um.
Voll Zorn und Beschämung erkannte er, dass die Achaier in wilder Flucht auf das Lager zustrebten, durch alle Tore hineindrängten und dass schon der ganze Strand zwischen den Schiffen und der Mauer und rings um die Zelte ein einziges Gewimmel von Männern, Pferden und Wagen war!
Und freilich, wie konnte es anders sein – hinter den Fliehenden drängten mit Triumphgeschrei die Troer nach, an ihrer Spitze Hektor, Paris, Aeneas und die anderen Fürsten.

Agamemnon stöhnte vor Grimm. »Kannst du dies zulassen, Zeus Kronion? Hast du mir nicht, als wir von Argos ausfuhren, dein Zeichen gesandt, das uns den Sieg verhieß? Und habe ich dir nicht überall, wo wir an deinen Tempeln vorüberkamen, Opfer gebracht? Und nun fliehen die Achaier wie die Schafe vor dem Löwen!«

Zeus hörte es mit Unbehagen: Es war alles wahr, was Agamemnon ihm vorhielt! Aber – da war auch das Versprechen, das er Thetis gegeben hatte: dass er die Achaier hart an den Rand des Verderbens bringen würde, damit sie Achilleus um Hilfe bitten müssten. Was sollte er tun?

Weil ihm kein anderer Ausweg einfiel, rief er seinen Adler und gab ihm einen Befehl.

Ein totes Hirschkalb in den Fängen, erschien der riesige Vogel alsbald über dem Lager der Achaier, zog einen Kreis und ließ das Hirschkalb auf den Opferaltar fallen, den man Zeus am Meeresufer errichtet hatte.

Die Achaier begrüßten das Glück verheißende Zeichen mit lautem Freudengebrüll und ihr Mut hob sich so schnell wieder, wie er zuvor gesunken war.

Die Fürsten jagten ihre Gespanne wieder zu allen Toren hinaus und die Krieger drängten ihnen nach, den anstürmenden Troern entgegen, die zum Stehen gebracht waren, ehe noch die ersten den Graben erreichten.

Abermals schien sich das Kriegsglück zu wenden.

Ajax Telamonssohn fuhr als Erster neben Diomedes. Sein Stiefbruder Teukros sprang zu ihm auf den Wagen. Er war zierlich und behänd wie ein Tänzer; aber er war der beste Bogenschütze im achaischen Heer.

Er stand, hinter den siebenschichtigen Schild seines Bruders ge-

duckt, und schnellte Pfeil auf Pfeil von der Sehne. Wohl zwei Dutzend troischer Krieger hatte er schon getroffen, als er plötzlich gerade vor sich Hektors roten Helmbusch erblickte. Teukros schrie vor Freude auf: Er würde Hektor töten und sein Ruhm würde unermesslich sein!
Aber während er zielte, richtete er sich im Eifer ein wenig zu hoch auf und das war sein Verderben. Hektor hatte blitzschnell einen großen Stein aufgehoben und schleuderte.
Der Stein flog über den Schildrand hinweg und traf Teukros zwischen Brust und Hals.
Er sank in die Knie und der Bogen entfiel seiner Hand.
Seine Gefährten trugen ihn zu den Schiffen.
Mit Triumphgeschrei sahen die Troer, wie ihr Anführer den schrecklichen Bogenschützen erlegte.
Und abermals stürmten sie wie eine Meute wilder Hunde hinter Hektor her in den Kampf.
Da flohen die Achaier zum zweiten Mal hinter Graben und Mauer.
Hera und Pallas Athene konnten es nicht mehr länger mit ansehen.
»Meinetwegen mag mein Vater zürnen – ich waffne mich und bringe den Achaiern Hilfe!«, sagte Athene entschlossen, obgleich sie heftige Angst empfand. »Erinnerst du dich, wie Thetis sein Knie umschlang und sein Kinn streichelte?«, fuhr sie düster fort. »Bis er ihr versprach, ihrem Sohn Achilleus Genugtuung zu verschaffen. Darum erlaubt er jetzt Hektor, so gegen die Achaier zu wüten! Beeile dich und schirre die Rosse an, während ich die Rüstung anlege!«
Gleich darauf jagte der Wagen mit den goldenen Rädern wieder durch die Tore des Himmels hinaus.
Aber Zeus Kronion sah ihn vom Ida aus und wurde so zornig, dass

der Berg erbebte. Er rief Iris, die Götterbotin, die schneller war als der Sturm.

»Siehst du dort Hera und Athene, die sich zur Erde hinabbegeben?«, sagte er. »Hole sie ein und befiehl ihnen, augenblicklich zum Olympos zurückzukehren. Sonst werde ich ihre Pferde lähmen, den Wagen zerschmettern und sie selbst in den Abgrund stürzen, aus dem sie nie wieder heraufkommen!«

Iris verschwand schnell wie der Blitz.

Einen Augenblick später schwang sie sich auf den Wagen, mit dem die Göttinnen abwärtsrasten.

Eisiger Schrecken fasste sie, als sie die schreckliche Botschaft hörten.

»Wehe mir!«, sagte Hera, während sie die Rosse zurück gegen den Olympos lenkte. »Nie wieder werde ich um der Sterblichen willen mit Zeus Kronion Streit beginnen. Mögen sie selber sehen, wie sie ihre Kriege beenden, die sie ja auch selber entfachen!«

Pallas Athene schwieg. Es gab nichts mehr zu sagen: Der Beherrscher der Götter und Menschen war stärker. –

Über die Erde sank die Dämmerung und machte dem Kampf ein Ende.

Hektor hatte den Troern befohlen, sich am Ufer des Flusses zu sammeln. »Wir werden die Nacht über hierbleiben«, sagte er, »und rings um das Lager Feuer unterhalten, damit wir das Fleisch für unser Mahl braten können, aber auch damit wir sehen, ob nicht etwa die Achaier heimlich im Dunkel der Nacht die Schiffe besteigen und davonfahren. Ihr seht, sie haben sich alle hinter ihre Mauer verkrochen und die Tore mit den Kampfwagen verrammelt. Heute hindert uns die Dunkelheit, aber morgen früh werden wir sie angreifen und weder Graben noch Mauer sollen sie vor dem Verderben schützen.«

Er befahl Schlachttiere, Brot und Wein aus der Stadt zu bringen und aus den Wäldern Holz zu holen.

Später, als die Feuer brannten und das Fleisch sich an den Spießen drehte, fuhr Hektor noch einmal langsam um das Lager. Es war fast völlig finster geworden; dann und wann flog mit leisem Zischen ein Pfeil an ihm vorüber oder eine Lanze fuhr von der Mauer her durch den Feuerschein.

Es kümmerte ihn nicht.

Hektor war voll Hoffnung an diesem Abend. Zweimal hatte man die Achaier in die Flucht geschlagen. Die troischen Krieger waren guten Mutes und man hatte den Göttern reiche Opfer gebracht. Noch stieg ihr Duft von den Altären zum Himmel.

Aber die Götter hatten sich abgewandt.

6 Im Lager der Achaier war es still. Die Krieger lagen in den Zelten und schliefen oder dachten voll Zorn und Beschämung an ihre schmähliche Flucht.

Agamemnon hatte sich nicht zur Ruhe gelegt. Er wanderte in der Dunkelheit hin und her, mit seinem Grimm und seiner Sorge.

Zuweilen trug der Wind den Klang von Flöten und Pfeifen vom Flussufer herüber und die Stimmen fröhlicher Männer. Agamemnon biss die Zähne zusammen. Ja, da drüben saßen die Troer in ihren Zelten, schmausten und tranken und freuten sich auf den morgigen Tag, an dem sie den Achaiern ein schreckliches Ende bereiten würden!

Ringsum brannten ihre Feuer und ihre Wächter gingen unaufhörlich die Runde um das Lager.

Sie bewachen uns, wie die Hunde eine Schafherde bewachen, damit ihnen ja nicht eins entrinnt, dachte Agamemnon erbittert. Gewiss argwöhnen sie, wir könnten im Schutze der Nacht zu Schiff entfliehen! Und, bei den Göttern, ich weiß nicht, ob es nicht das Klügste wäre.

Denn das war die Wahrheit: Agamemnon hatte den Glauben an den Sieg der Achaier verloren!

Er wusste auch nicht mehr, was er von den Unsterblichen halten sollte. »Warum warf uns Zeus Kronion zuerst seine Blitze vor die Füße, um die Troer zu schützen? Und was soll es bedeuten, dass er uns gleich darauf den Adler sandte, der Glück verheißt?«

Als er die Einsamkeit und Verwirrung nicht mehr ertragen konnte, rief er einen Herold und befahl ihm, die Fürsten zu wecken, obgleich es erst zwei Stunden nach Mitternacht war.

Dann ging er müden Schrittes in sein Zelt.

Die Fürsten kamen, schlaftrunken und missmutig und noch immer recht zornig über den unrühmlichen Ausgang der Schlacht.

Agamemnon begann sogleich zu reden. »Einmal schon habe ich vorgeschlagen, heimzukehren nach Argos. Damals war es mir nicht ernst und ich wollte unsere Krieger nur prüfen. Heute ist es anders. Ich sage euch, wir werden Troja niemals besiegen! Also wollen wir unsere Schiffe besteigen und über das Meer zurückfahren, solange es noch Zeit ist.«

Einen Augenblick starrten ihn die Fürsten stumm und ungläubig an.

Dann fuhr Diomedes auf wie gestochen: Sein Stolz konnte es nicht verwinden, dass er vor den Troern geflohen war und dass ihn Agamemnon in seinem Zorn feige gescholten hatte.

»Die Götter haben dir ein Zepter verliehen, Atride«, schrie er, »aber Tapferkeit und Standhaftigkeit haben sie dir nicht gegeben! So fahre heim, wenn dich dein zaghaftes Herz dazu drängt – dort draußen liegen deine Schiffe! Ich bleibe und werde weiterkämpfen und ich meine, auch einige andere Achaier werden mehr Mut haben als du!«

Agamemnon antwortete nicht; bleich vor Grimm hörte er, wie die anderen Beifall riefen.

Da erhob sich Nestor. »Wir alle kennen deinen Mut und deine Stärke, Diomedes!«, sagte er ruhig. »Aber du bist jung und dein Sinn ist noch stürmisch. Ich bitte euch beide, lasst nicht neue Zwietracht unter uns aufkommen! Es ist schlimm genug, dass du dich mit Achilleus entzweit hast, Agamemnon! Ich habe dich damals gewarnt, den besten Krieger der Achaier zu beleidigen! Du wolltest nicht hören. So höre heute auf mich!«, fuhr er eindringlich fort. »Ich rate dir, versuche alles, um dich mit Achilleus zu versöhnen! Gib ihm Briseïs zurück, biete ihm reiche Geschenke an und bitte ihn, wieder am Kampf teilzunehmen! Du weißt, was es für uns bedeuten würde!«

»Ich weiß es!«, sagte Agamemnon finster. »Und ich leugne ja nicht, dass es mein Fehler war.« Er schlug sich mit der Faust vor die Stirn. »Bei den Göttern, ihr könnt mir glauben, dass ich es seitdem hundert Mal bereut habe! Und ich würde ihm unendliche Buße bieten, wenn ich ihn wieder versöhnen könnte.« Seine Stimme klang fast wie ein Stöhnen und dann brach es unaufhaltsam aus ihm hervor, was er in vielen schlimmen Stunden gedacht hatte. »Ich würde ihm sieben der schönsten Mägdlein geben, unter ihnen Brisëis. Ich schwöre, dass ich sie nie angerührt habe und dass sie niemals Sklavinnenarbeit tun musste! Zwölf preisgekrönte Pferde wollte ich ihm schenken, zwanzig goldene Schüsseln und sieben eherne Dreifußkessel. Ich habe drei Töchter: Er mag sich eine von ihnen zur Gemahlin erwählen. Sie wird einen Brautschatz bekommen, wie ihn noch nie ein König seiner Tochter mitgegeben hat. Auch sollen ihm sieben meiner reichsten Städte gehören, wenn er endlich von seinem schrecklichen Zorn lässt! Nur Hades, der Gott des Totenreiches, ist unerbittlich und darum hassen ihn die anderen Götter und die Sterblichen!«

Er schwieg und wischte sich den Schweiß von der Stirn.

Nestor trat neben ihn und legte ihm freundlich die Hand auf die Schulter. »Du hast eine große Last von mir genommen, König Agamemnon! So wollen wir keine Stunde versäumen, sondern zugleich Boten an Achilleus senden.« Er blickte sich um. Neben ihm saß ein greiser Krieger von ehrwürdigem Aussehen. Er hieß Phönix und hatte Achilleus von Phthia her begleitet, als Peleus, sein Vater, den unerfahrenen Jüngling mit den Atriden gegen Troja sandte. Jedermann wusste, dass Achilleus seinen alten Lehrer achtete und liebte.

»Du, edler Phönix«, sagte Nestor, »sollst versuchen, deinen Zögling mit kluger und gütlicher Rede zu besänftigen. Odysseus und

Ajax, auch euch ist die Macht des Wortes gegeben und von allen Achaiern schätzt euch Achilleus am meisten: Tut, was ihr könnt, um ihn zum Frieden zu bewegen. Zwei Herolde mögen euch begleiten.«

Die Männer machten sich sogleich auf den Weg. Sie gingen am Ufer entlang bis zum äußersten Ende des Lagers, wo sich die Zelte und die Schiffe der Myrmidonen befanden.

Bald hörten sie den Klang einer Leier und eine Stimme, die dazu sang. Es war eine wilde, traurige Weise. Sie folgten den Tönen und nach kurzem Zaudern hob Odysseus den Vorhang des großen Purpurzeltes, vor dem sie standen.

Achilleus erhob sich sogleich und ließ die Leier sinken. Auch Patroklos, der auf dem Teppich ihm zu Füßen gesessen war, sprang auf.

»Seid willkommen«, sagte Achilleus ein wenig verwundert, aber nicht unfreundlich. »Zwar herrscht Feindschaft zwischen eurem obersten Heerführer und mir – nicht aber zwischen euch und mir. Tretet näher, damit ich euch gastlich bewirten und erfahren kann, was euch herführt.«

Sie nahmen die Sitze ein, die mit kostbaren Geweben bedeckt waren, und Patroklos brachte Fleisch, Brot und Wein herbei.

Als sie gegessen und getrunken hatten, ließ sich Odysseus noch einmal den Becher füllen und hob ihn Achilleus entgegen.

»Mögen dir die Götter Glück und Ruhm verleihen!«, begann er mit großem Ernst. »Wir brauchen dir nicht zu sagen, warum wir gekommen sind: denn unsere Bedrängnis ist dir ja nicht verborgen geblieben. Zweimal an diesem Tag sind die Achaier vor den Troern geflohen, erschreckt von Zeus Kronions Blitzen und Hektors wildem Kampfesmut, der seine Krieger unwiderstehlich mit sich fortreißt. Niemand von uns könne es an Tapferkeit, Stärke und

Gewandtheit mit ihm aufnehmen, prahlen sie. Du weißt, dass unsere Männer das Gleiche von dir sagen. Sie ehren dich wie einen der Götter, und wenn sie dich in der vordersten Reihe kämpfen sehen, so wächst ihr eigener Mut ins Unermessliche. Allein du kämpfst nicht! Du grollst dem Atriden und wahrhaftig du hast Grund genug dazu! Aber willst du darum auch alle anderen Achaier dem Verderben preisgeben – uns, die wir immer deine Freunde waren, und unsere Krieger, die dich lieben? Höre uns an, edler Achilleus: Wir haben dir Botschaft von Agamemnon zu überbringen!«
Er hob schnell die Hand, als Achilleus zornig aufsprang. »Habe ein wenig Geduld und erlaube mir zu sagen, was der Atride dir anbietet, wenn du bereit bist, dich mit ihm zu versöhnen und wieder am Kampfe teilzunehmen.«
Achilleus zuckte die Achseln. »So rede!«
Finster und schweigend hörte er zu, und als Odysseus geendet hatte, schüttelte er den Kopf. »Du mühst dich vergebens, Freund! Ich hasse Agamemnon wie die Pforten des Hades und niemand wird mich bereden, ihm je wieder zu trauen! Ich habe viele Tage für ihn gekämpft und die Nächte durchwacht; ich habe Städte für ihn erobert und ihm die erbeuteten Schätze zu Füßen gelegt. Ihr wisst, wie er es mir gelohnt hat! Kämpfen wir nicht etwa zehn Jahre um Helenas willen, die sein Bruder Menelaos und der Troer Paris gleichermaßen lieben? Mir aber hat Agamemnon das Mägdlein genommen, das ich liebe und das einst im Palast meines Vaters als meine Gemahlin wohnen sollte! Der Atride mag seine Schätze, seine Städte und seine Töchter behalten und –« Er stockte und starrte einen Augenblick stumm vor sich nieder; dann hob er trotzig den Kopf, aber in seinen Augen lag eine tiefe Traurigkeit: »Er mag auch Brisëis behalten! Mir haben die Götter ein zweifaches

Schicksal zur Wahl gestellt, meine Mutter Thetis hat es mir gesagt. Bleibe ich hier vor Troja, so wird mein Leben kurz, aber ruhmvoll sein. Kehre ich heim, dann erwartet mich ein hohes Alter, aber kein Nachruhm ist mir beschieden. Noch weiß ich nicht, was ich tun werde, doch könnte es sein, dass ihr morgen beim Frührot meine Schiffe schon draußen auf dem Hellespontos schwimmen seht! Agamemnon wird sich also etwas anderes ausdenken müssen, um die Achaier zu retten!«
Sein Blick fiel auf Phönix und ein wenig wich die Härte aus seinem Gesicht. Langsam ging er hinüber und setzte sich zu Füßen des Greises auf den Teppich.
»Edler Phönix«, sagte er ehrerbietig, »ich bitte dich, heute Nacht in meinem Zelt zu bleiben. Patroklos wird dir ein gutes Lager bereiten lassen. Morgen aber magst du mit mir heimfahren, wenn es dein Wille ist und die Götter es so bestimmen.«
Phönix blickte auf ihn hinab und Tränen traten ihm in die Augen.
»Wie könnte ich dich allein heimkehren lassen, mein Sohn? Als du ein kleiner Knabe warst, mochtest du nicht ohne mich sein. Du wolltest nicht essen, wenn ich dir nicht das Fleisch schnitt und deinen Becher hielt. Ich habe dich reiten gelehrt, das Schwert führen und den Bogen spannen. Dein Vater Peleus bat mich, dich zu begleiten, als du mit den Myrmidonen gegen Troja fuhrst. Er hatte mich freundlich aufgenommen, als ich, von meinem Vater verflucht, aus unserem Hause floh. Zum Dank schwur ich Peleus, auf dich zu achten wie auf meinen eigenen Sohn. Aber nun bin ich sehr bekümmert über dich! Selbst die Götter lassen sich zuweilen durch Opfer und Bitten versöhnen. Willst du unbarmherziger sein als sie? Nimm Agamemnons Buße an: Es erhöht den Wert eines Mannes, wenn ihm für seine Hilfe viel geboten wird. Ich bitte dich, lass ab von deinem Zorn, die Achaier werden es dir danken!«

»Es steht dir übel an, bei mir für den Atriden zu bitten!«, sagte Achilleus unmutig; aber er besänftigte sich sogleich wieder. »Du sollst jetzt ruhig schlafen und morgen halten wir Rat, ob wir heimkehren oder bleiben.«

Ajax stand mit einer heftigen Bewegung auf: Er wusste, alles Reden war vergebens.

»Wir wollen gehen, Odysseus!«, sagte er. »Die Fürsten warten auf unsere Nachricht. Aber, beim Hades, sie werden wenig Freude daran haben! Du trägst ein Herz von Stein in der Brust, Achilleus! Willst du zusehen, wie die Troer den Feuerbrand in unsere Zelte und Schiffe schleudern und deine Kampfgefährten in Rauch und Flammen umkommen? Hast du vergessen, wie oft wir einander in der Not beigestanden sind? Und nun lässt du uns gehen wie Feinde, obgleich wir an deinem Herd gegessen und getrunken haben!«

Achilleus sah ihn an. Sein Gesicht war voll Gram. »Ich wollte, ich wäre tot!«, sagte er leise. »Denn dies alles ist mir schrecklicher als Sterben! Aber ich kann nicht anders!«

Da legte ihm Ajax einen Augenblick die Hand auf die Schulter, ehe er ging. Er begriff, wie schwer es für Achilleus war.

Sie kehrten zurück zu Agamemnons Zelt.

Es wurde nicht mehr viel über diese missliche Sache geredet und die Fürsten gingen voll Sorge auseinander, um noch ein paar Stunden zu schlafen, ehe der Kampf von Neuem begann.

Allein es war ihnen in dieser Nacht keine Ruhe vergönnt. Kaum hatten die anderen Agamemnons Zelt verlassen, da begann sich der König zu waffnen, obgleich er sehr müde war. »Ich muss nachsehen, ob die Wachen an der Mauer nicht vor Übermüdung eingeschlafen sind«, sagte er zu sich. »Wer kann wissen, ob die Troer nicht in der Dunkelheit angreifen! Und – ich muss noch einmal mit Nestor, Odysseus und Diomedes reden!«

Er warf das Löwenfell über den Harnisch, griff nach seiner Lanze und trat ins Freie.

Ein schwacher rötlicher Schein lag über Zelten und Schiffen, denn in einem weiten Kreis um das Lager brannten immer noch die Feuer der Troer. Aber in ihrem Lager am Flussufer war es jetzt still geworden.

Agamemnon ging auf die Schiffe zu. Plötzlich stockte sein Fuß und er fasste die Lanze fester: Irgendwoher kamen Schritte.

Gleich darauf sah er die dunkle Gestalt, die hinter dem hoch aufragenden Heck eines Schiffes hervortrat. Eine Lanzenspitze blitzte auf. »Du bist es, Bruder!«, sagte fast im selben Augenblick eine Stimme.

Er erkannte Menelaos. »Du kannst also auch nicht schlafen?«, sagte Agamemnon mit einem bitteren Lachen. »Komm, so wollen wir wenigstens die Nacht nützen! Begib dich zu den Wachen an der Mauer. Ich selbst – nun, ich will zuerst noch einmal die anderen Fürsten wecken: Ich brauche ihren Rat! Wer soll morgen gegen Hektor kämpfen? Er hat schon zu viele von den Unsrigen erschlagen – jemand muss ihn endlich töten, ehe er uns noch mehr Schaden zufügt. Aber wer, frage ich dich! Vielleicht Diomedes? Aber ebenso gut kann es sein, dass Diomedes fällt. Auch Ajax Telamonssohn, Odysseus oder Idomeneus könnten den Kampf wagen. Gelingt es ihnen aber nicht, Hektor zu besiegen, so haben wir unsere besten Krieger verloren!«

»Ja«, antwortete Menelaos einsilbig. Sie dachten beide das Gleiche: Der einzige Mann im achaischen Heer, der in diesem Zweikampf fast mit Gewissheit siegen würde, war Achilleus.

Allein, was half es, da Achilleus in seinem Zorn beharrte?

Die Brüder gingen auseinander. Menelaos begab sich zu den Wachen und Agamemnon betrat wenig später Nestors Zelt.
Es zeigte sich, dass auch der alte Held nicht geschlafen hatte.
»Wer schleicht da so wortlos umher?«, kam seine Stimme sogleich scharf aus der Dunkelheit.
»Vergib mir, dass ich abermals deine Ruhe störe«, sagte Agamemnon bedrückt. »Aber ich muss noch einmal den Rat der Fürsten zusammenrufen!«
Nestor erhob sich ohne Zögern und waffnete sich. Sie weckten Diomedes, der vor seinem Zelt schlief, rings um ihn seine Gefährten; sie hatten ihre Waffen neben sich und den Kopf auf die Schilde gelegt. Diomedes erbot sich, auch Odysseus, Ajax und Idomeneus zu rufen, und nach einer Weile fanden sich alle draußen an der Mauer zusammen, wo die jungen Krieger Wache hielten.
»Es wäre gut zu wissen, was die Troer im Schilde führen«, sagte Nestor nachdenklich. »Aber wir werden kaum einen Kundschafter finden, der es wagt, sich in ihr Lager zu schleichen. Gewiss hält auch Hektor in dieser Nacht mit den Fürsten Rat, und wenn es gelänge, sie zu belauschen –«
»Ich will der Kundschafter sein!«, unterbrach ihn Diomedes. »Aber mir wäre wohler, wenn ich einen Gefährten hätte: denn vier Augen sehen mehr als zwei und vier Ohren hören mehr.«
»Da kann dir gewiss geholfen werden«, sagte Nestor und blickte sich erwartungsvoll unter den Fürsten um. Sie sprangen fast alle im selben Augenblick auf.
Diomedes lachte. »Nun, da es nur einer von euch sein kann, bitte ich Odysseus, mich zu begleiten. Mit ihm zusammen getraue ich mich, selbst aus einer brennenden Stadt zu entkommen.«
»Gut«, sagte Odysseus, »so wollen wir uns gleich auf den Weg ma-

chen: denn zwei Drittel der Nacht sind schon um und die Sterne rücken gegen den Morgen.«

Sie nahmen ihre Waffen, kletterten in den Graben hinab und jenseits hinauf und schlichen behutsam vorwärts, auf das Lager der Troer zu.

Als sie sich den Feuern näherten, legten sie sich flach auf den Boden und schoben sich wie Schlangen zwischen den Tamariskenbüschen und zwischen den Toten durch, die man an diesem Tage noch nicht bestattet hatte: So kamen sie, unbemerkt von den troischen Wächtern, aufs freie Feld hinaus.

Sie mochten etwa die Hälfte des Weges zurückgelegt haben, da stutzte Odysseus und packte Diomedes am Arm. »Ein Mann kommt vom Fluss herüber!«, flüsterte er.

Sie blieben regungslos liegen und warteten. Jemand, der vorüberging, mochte sie für tot halten wie die anderen, die da lagen. –

Im Lager der Troer aber hatte sich in dieser Nacht genau das Gleiche begeben wie drüben bei den Achaiern.

Hektor berief die Fürsten zur Versammlung in sein Zelt und man beriet hin und her, was man wohl von den Feinden zu erwarten hätte: Ob sie am Morgen von Neuem zur Schlacht antreten würden oder ob sie sich in der Dunkelheit heimlich zur Heimfahrt rüsteten; wer von ihren Fürsten eine schwere Wunde davongetragen hatte und nicht mehr kämpfen konnte. Ob die achaischen Krieger guten Mutes waren oder ob sie murrten. Und, ja – ob Achilleus wieder am Kampf teilnehmen würde oder nicht!

Am Eingang des Zeltes hielt ein Krieger namens Dolon Wache. Er war hässlich von Gestalt und Angesicht und hatte sich niemals im Kampf sonderlich hervorgetan. Man wusste von ihm, dass er ein schneller Läufer war, aber auch habsüchtig und ein eitler Prahler. Dolon hörte Hektors Worte und sogleich erwachte seine Habgier.

Er hatte bis zu diesem Tage zu niemandem davon geredet, weil er wusste, dass alle ihn verlacht hätten: Aber Dolon hegte seit Langem einen vermessenen Wunsch, der ihm Tag und Nacht keine Ruhe ließ. Wenn er Achilleus mit den weißen Hengsten, deren Rücken im Sonnenschein wie Silber glänzten, über das Feld jagen sah, auf seinem schimmernden Kampfwagen mit den erzbeschlagenen Rädern, dann packte ihn stets eine fast unerträgliche Gier, das herrliche Gespann zu besitzen.

Und jetzt – jetzt war die Gelegenheit dazu gekommen!

Mit einem hastigen Schritt trat er vor. »Edler Hektor, ich erbiete mich, als Späher zu den Achaiern zu gehen, und ich getraue mich wohl, dir sichere Botschaft zu bringen.« Ein eitles Lächeln überzog sein Gesicht. »Sie werden mich nicht fangen, denn gewiss ist keiner von ihren Kriegern so schnell wie ich! Aber du sollst mir etwas schwören: Wenn wir die Achaier besiegt haben, so gehört das Gespann des Peliden Achilleus mir! Schwörst du es mir, edler Hektor?«, wiederholte er mit funkelnden Augen.

Hektor runzelte die Brauen. Denn für dieses Gespann hätte er selbst und mancher andere Fürst ohne Zaudern jeden Preis bezahlt.

Und doch, es war sehr wichtig, Nachrichten über die Achaier zu erhalten, und so sagte er: »Gut, du sollst das Gespann des Peliden haben! Ich schwöre es dir!«

Hektor schwur einen Meineid: Aber er wusste es nicht. Es war Dolon vom Schicksal nicht bestimmt, jemals die Zügel der weißen Hengste in den Händen zu halten.

Voll Entzücken verließ er Hektors Zelt, warf sich ein zottiges Wolfsfell über den Harnisch, setzte den Helm aus Otterfell auf, nahm seine Lanze und verließ das Lager.

Leichtfüßig lief er durch die Dunkelheit über das freie Feld auf die

Wachtfeuer zu. Noch drohte keine Gefahr und er überließ sich sorglos seinen fröhlichen Gedanken, während er über die Toten sprang, die ihm im Wege lagen. »Oh, wie sie mich alle beneiden werden«, sagte er in seiner Freude ganz laut.

Im nächsten Augenblick durchfuhr ihn ein eisiger Schrecken. »Steh, du da vorne!«, rief eine leise befehlende Stimme hinter ihm. »Steh augenblicklich oder meine Lanze trifft dich in den Rücken!«

Er gehorchte, starr vor Entsetzen. Während er nach rückwärts schielte, sauste etwas über seine Schulter, haarscharf an der Wange vorüber – dann bohrte sich die Lanze ein Stück vor ihm in den Boden.

»Das mag dir zur Warnung dienen!«, sagte die Stimme abermals und er hörte, wie sein Verfolger näher kam.

Aber jetzt hatte er sich schon wieder gefasst. Dass er einem Achaier in die Arme gelaufen war – schlimm genug! Aber zum Glück schien der Mann auch allein zu sein! Nun musste ihn seine Schnelligkeit retten! Es musste ihm gelingen, wieder das Lager der Troer zu erreichen!

Er tat einen blitzschnellen Sprung zur Seite, schlug einen Haken wie ein verfolgter Hase – aber da prallte er im Finstern gegen einen anderen Mann, der wie aus dem Boden gewachsen vor ihm stand.

Eine starke Hand entwand ihm die Lanze und im nächsten Augenblick waren seine eigenen Hände auf den Rücken gedreht und ein fester Riemen legte sich um die Gelenke. –

»So«, sagte Odysseus, »nun erzähle uns, was du so allein und nachts hier draußen suchst! Willst du etwa die Toten berauben? Oder hat dich Hektor auf Kundschaft ausgesandt? Oder wolltest du vielleicht auf eigene Faust ins Lager der Achaier schleichen und bei den Schiffen und Zelten umherspähen? Ich rate dir: Belüge uns nicht, es würde dir übel bekommen!«

Dolon hatte nie viel Mut besessen: Jetzt kam er ihm vollends abhanden. »Ich will euch alles sagen«, beteuerte er, während ihm vor Angst die Zähne klapperten. »Hektor hat mich ausgesandt, um zu erkunden, was ihr nun tun werdet: ob ihr kämpfen oder fliehen wollt, ob eure Schiffe scharf bewacht sind und ob die Krieger den Anführern noch gehorchen. Auch will er wissen, ob eure Fürsten einig sind oder Streit miteinander haben. Dafür verhieß er mir das Gespann des edlen Achilleus: denn es ist seit Langem mein größter Wunsch, die berühmten Pferde zu besitzen!«

Odysseus lächelte. »Du hast keine geringen Wünsche, scheint mir. Doch du würdest wenig Freude an den weißen Hengsten haben. Denn kaum ein Sterblicher außer Achilleus vermag, sie zu bändigen. Nun sollst du uns aber noch allerlei sagen! Welche Krieger hat Hektor dort am Flusse versammelt? Lagern die Völkerschaften jede für sich und stellen sie ihre eigenen Wachen aus? Wo verwahren sie ihre Waffen, wo stehen die Rosse und die Wagen und wo befinden sich Hektor und die Fürsten zu dieser Stunde?«

»Alle Fürsten sind in Hektors Zelt versammelt«, berichtete Dolon eifrig. »Ganz droben am Fluss, nahe der Stadt, lagern die Troer und die Dardaner, neben ihnen Karen und Kaukonen; weiter meerwärts Lykier, Phrygier und Pelasger. Ein wenig abseits von den anderen haben sich die Thraker mit ihrem jungen König Rhesos niedergelassen. Sie sind erst heute zu uns gekommen, müde vom weiten Weg. Sie schlafen wie die Toten. Nicht einmal Wachen haben sie ausgestellt. Aber sie haben herrliche Pferde und Wagen«, fügte er neidisch hinzu. »Ihr habt gewiss von den berühmten silbergrauen Rossen des Königs Rhesos gehört. Sie sind

hier und ihr werdet sie ja selbst sehen, wenn wir euch morgen früh angreifen.« – Er stockte, weil ihm plötzlich einfiel, dass die beiden Achaier, die sich so verwegen ins troische Lager schlichen, ja leicht gefangen und erschlagen werden konnten! »Wenn ihr in unser Lager kommt, werdet ihr sehen, dass ich euch die lautere Wahrheit gesagt habe«, fuhr er weniger zuversichtlich fort. »Bindet mir meinetwegen auch noch die Füße und lasst mich hier: Kehrt ihr zurück, so mögt ihr mich befreien. Ich verspreche euch, dass ich euch dann nicht sogleich unsere Krieger nachhetzen werde! Nein, ich lasse euch Zeit, in euer Lager zurückzukehren!«
Fast war Dolon schon wieder in seine prahlerische Redeweise zurückgefallen.
Aber als er schwieg, blieb es eine Weile so totenstill, dass ihn ein unheimliches Gefühl überkam.
Diomedes, der hinter ihm stand, zog langsam das Schwert aus der Scheide. »Was dir heute nicht geglückt ist, wirst du morgen wieder tun«, sagte er hart. »Darum können wir dich nicht gehen lassen!«
Dolon sah nicht, wie die Klinge auf seinen Nacken niederzuckte. –
Sie nahmen dem Toten das Wolfsfell, den Helm und den Harnisch ab und legten alles auf einen Tamariskenstrauch, der da wuchs.
»Wenn wir heil zum Lager zurückkehren, wollen wir die Rüstung Pallas Athene opfern«, sagte Odysseus, während sie geduckt weiterschlichen.
Ihre Augen hatten sich an die Dunkelheit gewöhnt und sie unterschieden deutlich die wenigen Zelte, die man am Fluss entlang errichtet hatte. Aus einem von ihnen drang ein Lichtschein.
»Ich bin gewiss, dass der Späher die Wahrheit gesprochen hat«, flüsterte Odysseus. »Dort drüben ist Hektors Zelt und die Fürsten halten noch immer Rat. Es wäre gefährlich, sich in die Nähe zu wa-

gen, um sie zu belauschen. Aber es ist auch gar nicht mehr notwendig; wir haben genug erfahren. Ich will dir etwas anderes sagen: Mich gelüstet es sehr nach den Rossen des Thrakerkönigs! Komm, wir wollen sehen, ob uns die Glücksgöttin gnädig ist!«
Es wuchs allerlei Gesträuch da in der Nähe des Ufers und sie krochen dazwischen behänd wie Katzen flussabwärts weiter.
Als sie zu den Kampfwagen kamen, die die Thraker rings um ihr Lager aufgestellt hatten, hielten sie an und horchten. Sie sahen die dunklen Gestalten der schlafenden Krieger, die in einem weiten Kreis auf der Erde lagen. Aber nirgends stand ein Wächter und nichts regte sich.
Nur in der Mitte des Lagers herrschte eine leise Unruhe. »Dort sind die Pferde, siehst du?«, sagte Diomedes leise. »Sie sind aufgeregt, weil ihnen alles fremd ist. Darum haben sie sich nicht zum Schlafen niedergelegt. Wie willst du sie herausholen?«
»Wir müssen Platz schaffen!«, antwortete Odysseus nur. Da zog Diomedes das Schwert.
Die Schläfer hatten keine Zeit aufzufahren, ehe die Klinge sie traf. Einer von ihnen trug eine glänzende Rüstung und sein Helm schimmerte golden in der Dunkelheit. König Rhesos!, dachte Diomedes mit einem flüchtigen Bedauern, weil er ihm die Rüstung nicht nehmen konnte.
Odysseus zog die Erschlagenen schnell zur Seite, dass eine Gasse entstand: Die Rosse würden sonst vor den Toten scheuen und sich weigern, über sie hinwegzusteigen.
Danach ging alles blitzschnell. Odysseus sprang zu den Pferden, durchhieb die Riemen, mit denen sie an einen Pfahl gefesselt waren, und wand sie hastig um seine Faust. Er schwang sich auf den Rücken des nächsten, Diomedes auf ein anderes.
Es waren wilde junge Hengste und sie fühlten die fremde Hand

der Reiter. Sie rasten davon, als säße ihnen ein Dämon im Nacken. Kaum vermochten die Männer, sich festzuhalten, die Hände um Zügel und Mähne gekrallt, mit den Schenkeln die Flanken umklammernd.

Dennoch gelang es Diomedes im Vorüberjagen, mit einem schnellen Griff Dolons Rüstung und das Wolfsfell von dem Tamariskenstrauch an sich zu raffen. Dort vorne waren die Feuer der troischen Wächter! Zwar glommen sie nur noch: Aber am Himmel stand jetzt plötzlich ein grauer Schein – die Dämmerung brach an! Schon zeichneten sich die Mauer und die Umrisse der achaischen Zelte deutlich ab.

Odysseus biss die Zähne zusammen. »Wehe uns, wenn die Wächter uns erkennen, ehe wir vorüber sind!«

Da – jetzt sprangen ein paar von ihnen auf: Sie hatten die Hufschläge gehört!

Noch schöpften sie keinen Verdacht, da die Reiter von ihrem eigenen Lager herkamen.

Aber im nächsten Augenblick schrie einer: »Die Rosse des Thrakerkönigs! Die Achaier haben sie geraubt!«

Wütendes Gebrüll antwortete ihm. Es gab keinen unter den Wächtern, der den Wert dieser kostbaren Pferde nicht kannte. Sie rafften ihre Waffen auf und rannten hinter den Reitern her. Es war ein sinnloses Beginnen: denn wer konnte die silbergrauen Hengste einholen? Vergeblich schleuderten sie ihre Lanzen und auch die Pfeile erreichten ihr Ziel nicht mehr.

Die Sehnen hart wie Erz, den Rücken gespannt, setzten die Rosse des Rhesos mit federnden Gelenken zum Sprung über den Graben an, flogen hinüber – ein zweiter Sprung –, ihre Hufe streiften nicht einmal den Rand der Mauer, dann waren sie jenseits im Lager der Achaier verschwunden.

7 Ehe noch am Morgen die Herolde durch die Zeltgassen eilten, um die Krieger zu wecken, erhob sich Agamemnon von seinem Lager, auf dem er schlaflos die letzten Stunden der Nacht verbracht hatte.

Eine finstere Entschlossenheit hatte sich seiner bemächtigt. Er würde heute kämpfen, wie er noch nie in seinem Leben gekämpft hatte – und sollte er auch die Sonne dieses Tages nicht mehr untergehen sehen!

So begann er, sich zu rüsten. Er legte die silbernen Beinschienen an, dann den Harnisch, der so kunstreich aus Streifen von Gold, Zinn und Erz geschmiedet war, dass er schimmerte wie ein Regenbogen. Er warf sich das Schwert mit dem goldenen Gehänge und der silbernen Scheide um die Schulter und band den Helm mit dem Rossschweif auf. Den gewaltigen Schild mit den ehernen Kreisen und den zinnernen Buckeln am Arm und zwei Lanzen in der Rechten, trat er aus dem Zelt.

Sein Rosselenker wartete und gleich darauf jagten sie zwischen den Scharen der Krieger hindurch zum nächsten Tor hinaus.

Drüben am Fluss Skamandros ordneten sich auch die Troer schon zur Schlacht. Hektor und die anderen Fürsten, ergrimmt über den Tod des Thrakerkönigs und den Raub der Pferde, feuerten ihre Krieger zur Rache an. – Von den Unsterblichen aber befand sich an diesem Morgen niemand auf dem Schlachtfeld.

Nur Eris, die schreckliche Göttin des Streites, strich um die feindlichen Heere und hatte ihre Freude an dem neuerlichen Kampf.

Die anderen saßen in ihren Palästen auf dem Olympos, grollend oder zufrieden, je nachdem, auf welcher Seite sie standen.

Denn Zeus Kronion hatte ihnen gesagt: »Heute werde ich die Achaier an den Rand des Verderbens bringen, ob es euch gefällt oder nicht: denn das habe ich Thetis versprochen. Hütet euch, mir in den Arm zu fallen!«

So mussten sie wohl oder übel untätig zusehen, wie Troer und Achaier abermals übereinander herfielen.

Agamemnon stürzte sich in den Kampf wie Ares, der Kriegsgott, selbst. Sein Wagen raste mitten in die dichtesten Haufen der Troer hinein.

Die zwei tapferen Söhne des Königs Priamos, Isos und Antiphos, jagten ihm entgegen: Seine Lanze stürzte sie beide vom Wagen.

Die Zwillinge Hippolochos und Pisandros, schon verwundet, baten um Gnade. »Unser Vater Antimachos wird dir reiches Lösegeld bieten«, sagten sie.

»So ist Antimachos euer Vater? Er hat einst Paris geraten, Menelaos zu töten, anstatt ihm Helena zurückzugeben. Nun müsst ihr für ihn büßen!«, erwiderte Agamemnon erbarmungslos.

So wütete er unter den Troern. Viele Tote bezeichneten seinen Weg; leere Kampfwagen, von scheuenden Pferden hin und her geschleudert, rasselten in das Fußvolk; die Achaier, von seiner Wildheit angestachelt, kämpften wie Tiger.

Aber mitten in dem schrecklichen Morden dachte Agamemnon immerfort an Achilleus. Ich werde ihm beweisen, dass wir ihn nicht brauchen! Mag er ruhig trotzen! Wir werden ohne ihn Troja erobern, sein Ruhm wird verwelken und niemand wird nach seinem Tod den Namen Achilleus mit Ehrfurcht nennen!

Es schien, als sollte er recht behalten.

Da, wo er kämpfte, begannen die Troer allmählich zurückzuweichen. Zuerst hinter den riesigen Feigenbaum, der mitten auf dem Schlachtfeld stand; dann hinter das Grabmal des Dardanerkönigs Ilos und endlich hinauf zum skäischen Tor, neben dem die mächtige Eiche aufragte.

Hektor, der sich zu dieser Zeit weit drunten am Fluss befand, sah es mit Besorgnis.

Er befahl seinem Rosselenker, zur Stadt hinaufzufahren.

»Sieh zu, dass wir zu Agamemnon durchdringen: Ich muss seinem Wüten ein Ende machen!«, sagte er entschlossen.

Aber Zeus Kronion hatte es anders bestimmt. Er rief Iris, die Götterbotin. »Begib dich hinab auf das Schlachtfeld und befiehl Hektor, sich vom Kampf zurückzuhalten, bis er sieht, dass Agamemnon verwundet ist! Danach mag er wieder in der vordersten Reihe kämpfen!«

Iris gehorchte. Ein wenig später ließ sie sich auf Hektors Wagen neben dem Lenker nieder. Ganz leicht griff ihre Hand in die Zügel. Sogleich warfen sich die Pferde herum und jagten dahin zurück, woher sie gekommen waren.

»Zeus befiehlt dir, Agamemnon auszuweichen, bis du siehst, dass er verwundet ist«, sagte sie in Hektors Ohr, während der erschrockene Rosselenker vergeblich versuchte, sein Gespann wieder zur Stadt hinaufzutreiben.

Indessen war Iphidamas, Antenors Sohn, Agamemnon begegnet und sie hatten im gleichen Augenblick ihre Lanzen geschleudert.

Der Atride verfehlte den Gegner; Iphidamas durchstieß zwar mit der Lanze Agamemnons Harnisch, aber den silbernen Gürtel, den er darunter trug, vermochte sie nicht zu durchdringen. Und ehe er sich zur Seite werfen konnte, riss Agamemnon sein Schwert heraus . . .

Koon, Antenors Ältester, sah seinen Bruder fallen. Er sprang herzu und stieß dem Atriden die Lanze durch den Arm, dass die Spitze jenseits wieder herausdrang.

Das Blut schoss hervor, als Koon den Speer zurückkriss. Doch Agamemnon achtete in seiner Wut nicht darauf: denn noch fühlte er keinen argen Schmerz.

Aber als das Blut allmählich aufhörte zu fließen und die Wunde verkrustete, kamen die Schmerzen. Und wieder ein wenig später musste er den Kampf aufgeben. »Bringe mich zu den Schiffen!«, befahl er ächzend dem Lenker. »Wir müssen Machaon, den Wundarzt, suchen.« Er rief Diomedes und Odysseus an, die in der Nähe kämpften. Vor ihren Wagen waren die Rosse des Rhesos gespannt. »Sorgt mir dafür, dass unsere Krieger nicht mutlos werden!«, sagte Agamemnon, denn er hatte wohl gemerkt, wie die Männer erschraken, als sie ihn verwundet sahen. Und während er schmerzgepeinigt zurück zu den Schiffen fuhr, dachte er abermals an Achilleus: Wäre er hier, dann würden die Achaier mich kaum vermissen, sondern hinter ihm herlaufen! Der Gedanke erfüllte ihn mit Bitterkeit.

Diomedes und Odysseus aber fanden nicht viel Zeit, die Krieger zu beruhigen.

Denn auch Hektor hatte Agamemnons Verwundung mit angesehen und warf sich jetzt wie ein wilder Eber in den Kampf, und die Troer, die sich schon zur Flucht gewandt hatten, stürmten mit neuem Mut vor.

Odysseus riss die silbergrauen Hengste zurück, als Hektor auf ihn zujagte.

Diomedes hob die Lanze und schleuderte. Sie traf Hektors Helm mit solcher Wucht, dass er rücklings vom Wagen stürzte und mitten unter seine Krieger fiel. Für einen Augenblick wurde es Nacht um ihn. Aber der dreischichtige Helm hatte dem schrecklichen Anprall widerstanden und Hektor war unverletzt geblieben.

Er sprang sogleich wieder auf und schwang sich auf den Wagen. Diomedes brüllte vor Wut auf.

»Du Hund! Bist du abermals dem Tod entronnen? Aber gib acht! Nicht mehr für lange Zeit!« Blitzschnell ergriff er die zweite Lanze.

In diesem Augenblick krachte ein führerloser Kampfwagen gegen den seinigen. Ein wirres Knäuel von scheuenden Pferden und schreienden Männern trennte die beiden Kämpfer.

Mit einer Verwünschung sprang Diomedes auf die Erde: An seinem Wagen war ein Rad zerborsten.

Indessen hatte sich die Schlacht wieder weiter von der Stadt fort, hinab gegen das Lager der Achaier verlagert: denn so schwankte eben das Kriegsglück.

Ganz nahe dem Grabmal des Ilos schlug sich Diomedes mit einem Dutzend troischer Krieger herum, die sich begierig auf ihn gestürzt hatten.

Hinter der Säule des Grabhügels aber stand Paris. Es war ein sehr guter, sicherer Platz. Er hielt den Bogen gespannt und den Pfeil auf der Sehne und beobachtete aus seinem Versteck aufmerksam das Getümmel um den berühmten Helden. Als die meisten seiner Angreifer schon tot oder verwundet waren, entstand einmal ein freier Raum zwischen Diomedes und dem Grabmal.

Da schnellte Paris den Pfeil von der Sehne. In einem anmutigen Bogen flog er auf Diomedes zu, bohrte sich in seinen Fuß und heftete ihn an den Boden. Hastig bückte er sich, um das Geschoss herauszuziehen, aber es gelang ihm nicht. Vor Schmerz und ohnmächtigem Grimm wollten ihm fast die Sinne schwinden.

Paris sah voll Freude seine Bedrängnis. »Ha, Diomedes!«, schrie er. »Habe ich dich nicht gut getroffen? Zwar war mein Pfeil dazu bestimmt, dir ins Herz zu fahren! Aber . . .«

Da begann ihn Diomedes in seiner Wut trotz aller Schmerzen zu beschimpfen. »Du Weichling! Du Weiberheld! Aus dem Hinterhalt jemanden zu treffen – ja, das vermagst du! Und selbst dann trifft dein Pfeil noch den Fuß statt das Herz!«

Odysseus hatte dem Rosselenker die Zügel zugeworfen. Mit einem Sprung stand er neben seinem Gefährten und riss den Pfeil heraus.

Aber das scharfe dreischneidige Geschoss hatte zwei Sehnen durchschnitten und es zeigte sich, dass Diomedes nicht gehen konnte.

»Fahre zurück zu den Schiffen!«, sagte Odysseus und half ihm auf einen Wagen, der neben ihnen hielt. –

Dann war Odysseus allein mitten unter den Feinden, die ihn sogleich von allen Seiten umdrängten. Aufatmend sah er, wie sein Rosselenker die silbergrauen Hengste in Sicherheit brachte.

Aber er blickte sich vergebens nach den anderen Fürsten um: Sie kämpften wohl alle weit entfernt. Nun, so würde er sich eben allein der Troer erwehren, wenn die Götter ihm nicht einen frühen Tod bestimmt hatten! –

Zeus sah dem grimmigen Kampf zu, der vielen troischen Kriegern das Leben kostete. Nein, noch gedachte er, den klugen König von Ithaka nicht zum Hades zu senden! Aber er musste ihn hindern weiterzukämpfen; denn es gehörte zu seinem Plan, die Anführer aus der Schlacht zu entfernen und damit das Kriegsvolk in Verwirrung und Mutlosigkeit zu stürzen. Agamemnon und Diomedes waren schon verwundet: Odysseus sollte der dritte sein.

So geschah es auch. Irgendeinmal durchstieß eine Lanze ihm Schild, Harnisch und Leibrock und drang ihm in die Seite. An den Rippen glitt sie ab und blieb im Fleisch stecken.

Odysseus wusste nicht gleich, ob dies sein Ende bedeutete. Er riss die Lanze heraus und fühlte, wie das Blut aus der Wunde strömte. Auch die Troer sahen es und stürzten sich abermals auf ihn, wie die Schakale sich auf einen verwundeten Löwen stürzen, vor dem sie Angst haben, solange er seine Kraft besitzt.

»Ich werde sehr schnell ermatten, wenn nicht ein Arzt mir das Blut stillt«, sagte Odysseus zu sich, holte tief Atem und schrie dreimal so gewaltig, dass sein Ruf das Getöse der Schlacht übertönte.

Menelaos, der neben Ajax Telamonssohn weit entfernt kämpfte, hörte ihn. »Odysseus ist in großer Gefahr!«, sagte er erschrocken. »Gewiss ist er von den Unsrigen abgeschnitten und kämpft einsam gegen die Troer. Wir müssen ihm zu Hilfe kommen!«

Sie liefen durch das Gewühl, sich mit den Schwertern eine Gasse hauend.

Bald erkannten sie über den Köpfen der Krieger den gehörnten Helm mit dem schwarzen Rossschweif, den Odysseus trug.

Aber der Helm schwankte hin und her, als taumelte sein Träger.

Mit einem wilden Satz warf sich Ajax mitten unter die troischen Krieger, die Odysseus umdrängten. Ein paar schlug er mit dem Schild nieder, andere traf Menelaos mit dem Schwert, die letzten flohen.

Entsetzt sahen sie, wie übel es um Odysseus stand. Sein Gesicht war grau und der Schweiß lief ihm in schmutzigen Rinnsalen von der Stirn herab. Aus der Wunde floss immer noch Blut.

Während ihn Ajax mit dem riesigen siebenschichtigen Schild deckte, hielt Menelaos ein vorüberfahrendes Gespann auf. »Bringe den König sogleich zurück zu den Schiffen«, befahl er dem Lenker, »und suche Machaon, damit er ihm die Wunde verbindet! Aber, bei deinem Leben, beeile dich!«

Sie halfen Odysseus auf den Wagen, der im nächsten Augenblick davonjagte.

Aber ach, Machaon, der Wundarzt, war gar nicht bei den Schiffen. Er kämpfte zu dieser Zeit, auf Nestors Kampfwagen stehend, drunten am Fluss: denn er war nicht nur ein guter Arzt, sondern auch ein tapferer Krieger. –

Zeus erblickte ihn und den greisen Helden in der vordersten Rei-

he. »Nestor soll nichts geschehen!«, sagte er nachdenklich zu sich. »Auch Machaon möchte ich nichts Übles zufügen. Aber wenn die Achaier sehen, dass er verwundet ist, werden sie fürchten, dass niemand da ist, der ihre Wunden pflegt, und ihr Mut wird sinken!«
Auf der Seite der Troer hielt just gegenüber Paris mit seinem Kampfwagen. Er erkannte Nestor sogleich. »Es wäre sehr ehrenvoll für mich, wenn die Krieger einander erzählten, der berühmte alte König sei von meiner Hand gefallen!«, sagte er und spannte den Bogen. Der Pfeil schnellte von der Sehne. Aber er traf nicht Nestor, sondern fuhr Machaon in die Schulter.
Idomeneus sah, wie der Arzt zurücktaumelte. Hastig rief er Nestor an. »Bringe Machaon bei den Schiffen in Sicherheit! Denn ein Mann, der zu heilen versteht, ist höher zu schätzen als viele andere!«
Die Troer stürmten mit Freudengebrüll vor, als jetzt auch Nestor sein Gespann herumwarf und zum Lager zurückjagte. »Bald werden alle Fürsten der Achaier verwundet oder tot sein!«, frohlockten sie und drängten mit aller Macht gegen die Mauer.
Aber da war Ajax, der ihnen im Weg stand. Ajax mit dem gewaltigen siebenschichtigen Schild, den keine Waffe durchdrang.
Sie schleuderten ihre Lanzen auf ihn: Aber die fuhren entweder rings um ihn in die Erde oder blieben im Schild stecken. Ajax riss sie heraus und warf sie zurück. Er traf immer und seine Kraft war furchtbar. Allein selbst er würde auf die Dauer der Übermacht nicht widerstehen können.
Eurypylos, der Fürst von Ormenion, eilte mit einer Schar seiner Krieger herbei und sprang an seine Seite.
Drüben am Flussufer aber hielt noch immer Paris auf seinem Kampfwagen.
Und vom Berge Ida blickte Zeus Kronion auf das Schlachtfeld hi-

nab. Er gewahrte Eurypylos und er sah auch den kleinen gefiederten Pfeil, der jetzt vom Flussufer herüberflog.

Der Pfeil fuhr Eurypylos in die Hüfte. Auch dies beobachtete Zeus und nickte zufrieden.

Eurypylos versuchte, den Pfeil aus der Wunde zu ziehen, aber der Schaft brach ab und die Spitze lähmte die Sehnen. Da musste auch er sich zur Flucht wenden. Mühsam und von Schmerzen gepeinigt, hinkte er zum Lager, während Ajax und die Gefährten mit ihren Schilden die Lanzen auffingen, die die Troer hinter ihm herschleuderten. –

Vom hohen Deck seines Schiffes aus starrte Achilleus mit brennenden Augen hinüber auf das Schlachtfeld. Gram nagte an seinem Herzen, weil er so untätig dastand, während die Freunde kämpften. Aber der schreckliche Zorn wollte noch immer nicht von ihm weichen.

Er sah, wie Agamemnon verwundet ins Lager floh, später auch Diomedes und Odysseus.

Jetzt jagte Nestors Wagen durch die Zeltgassen, auf dem Sitz kauerte zusammengesunken ein Mann.

Achilleus erschrak. »Mir scheint, das ist Machaon! Wehe den Achaiern, wenn er schwer verletzt ist und den Verwundeten nicht mehr beistehen kann!«

Denn außer Machaon gab es nur noch einen Arzt beim Heere: Der aber zog es vor zu kämpfen, statt zu heilen.

Es ließ Achilleus keine Ruhe mehr. Er musste wissen, ob der Verwundete wirklich Machaon war, dessen Heilkunst man in ganz Achaia rühmte. War er doch der Sohn des göttlichen Arztes Asklepios!

Hastig trat Achilleus an die Brüstung und rief Patroklos, der sogleich drunten aus dem Zelt trat.

»Ich bitte dich, mir einen Dienst zu erweisen!«, sagte Agamemnon. »Geh zu Nestor und frage ihn, wer der Verwundete ist, den er eben aus der Schlacht zurückgebracht hat. Ich konnte ihn nicht deutlich erkennen.«

Patroklos nickte nur und lief eilig fort. Eine leise Hoffnung regte sich in seinem Innern: Endlich schien Achilleus aus der schrecklichen Starrheit zu erwachen, die ihn gefangen hielt, seit der Kampf begonnen hatte. Er redete kaum ein Wort, er wollte nicht essen; immer stand er nur da droben an den Mast gelehnt und starrte zum Schlachtfeld hinüber. Vielleicht – oh, vielleicht würde er nun seinen Sinn ändern und den Achaiern zu Hilfe kommen, um die es ja wahrhaftig schlecht genug stand!

Ein wenig atemlos, betrat er Nestors Zelt. Der alte König ging ihm freundlich entgegen. Er sah müde und kummervoll aus. Odysseus hatte man auf ein Lager gebettet und neben ihm kniete Machaon, dem selbst noch das Blut aus dem Harnisch sickerte. Er konnte nicht darauf achten, denn er wusste, Odysseus würde sterben, wenn es ihm nicht gelang, das Blut zu stillen, das aus den zerrissenen Adern floss.

»Sei willkommen, Patroklos!«, sagte Nestor. »Willst du dich nicht setzen?«

Aber Patroklos schüttelte den Kopf. »Nein, edler Nestor! Ich muss Achilleus schnell Botschaft bringen. Er hat mich hergesandt, um zu erfahren, wen du verwundet aus der Schlacht zurückgebracht hast: Nun habe ich es selbst gesehen.«

Ein bitteres Lachen flog über Nestors Gesicht. »Seit wann kümmert sich Achilleus darum, wer von den Achaiern verwundet oder tot ist? Er denkt an nichts anderes als an seinen Zorn, mögen wir auch alle zugrunde gehen!« Er zögerte einen Augenblick: Es fiel dem alten Helden sehr schwer, noch einmal zu bitten. »Dich liebt

Achilleus mehr als alle anderen Achaier«, fuhr er fort. »Willst du nicht versuchen, ihn zu überreden? Das Wort eines Freundes vermag viel. Oder vielleicht – wenn er es nicht über sich gewinnen kann, uns selbst zu Hilfe zu kommen –, vielleicht erlaubt er dir und den Myrmidonen, für uns zu kämpfen.«

Abermals hielt er inne und betrachtete Patroklos nachdenklich. »Ihr gleicht einander, du und Achilleus! Nicht nur an Größe und Gestalt; auch dein Haar ist nur wenig dunkler als das seinige. Wenn du seine Rüstung trügest, ließen sich die Troer gewiss täuschen. Du weißt, wie oft ihre Krieger vor ihm geflohen sind! Vielleicht könntest du uns retten, Patroklos! Bitte Achilleus, dir seine Rüstung und sein Gespann zu leihen, und führe an seiner statt die Myrmidonen in die Schlacht! Glaube mir, die Troer werden erschrecken und nicht daran zweifeln, dass ihr gefürchteter Feind wieder in den Kampf zurückgekehrt sei. Sie werden zaudern und in Verwirrung geraten; und unsere Krieger gewinnen ein wenig Zeit, um Atem zu schöpfen! Vielleicht gelingt es uns dann, die Troer von der Mauer und von den Schiffen abzudrängen!«

Patroklos starrte den alten König verblüfft an: Das schien ihm ein wunderlicher Plan. Und doch – wer weiß –

»Ich will mit Achilleus reden!«, antwortete er bereitwillig, denn die Bedrängnis der Achaier machte ihm schon lange zu schaffen. Er nahm Abschied und lief zurück zum Zelt. Als er auf den Platz kam, wo die Altäre der Götter standen, erblickte er vor sich einen Mann, der sich mühsam hinkend vorwärtsschleppte. Er erkannte ihn sogleich.

»Bist du es, Eurypylos?«, rief er erschrocken. Mit einem Schritt war er neben ihm und stützte den Taumelnden. Eurypylos sah ihn aus trüben Augen an. »Dich senden mir die Götter, Patroklos«, murmelte er undeutlich. »Ich bitte dich, ziehe mir den Pfeil aus der Hüfte, ich vermag es nicht.«

Patroklos warf einen Blick auf den abgebrochenen Schaft, der kaum aus der blutverschmierten Wunde herausragte. Nein, niemand vermochte, die Pfeilspitze herauszuziehen: Man konnte das Rohr nicht fassen.

»Komm ins Zelt!«, sagte er schnell, während er voll Sorge überlegte, was er tun sollte. Machaon konnte er nicht rufen, sonst würde Odysseus sterben. Aber ihn selbst hatte einst Cheiron, der redlichste der Kentauren, allerlei gelehrt.

Daran dachte er jetzt. Er rief einen seiner Gefährten herbei und sie betteten Eurypylos im Zelt auf ein Lager aus weichen Fellen.

Patroklos zitterte freilich ein wenig die Hand, als er mit einem scharfen Messer die Pfeilspitze aus dem Fleisch schnitt. Dann wusch er mit lauwarmem Wasser das Blut ab, holte eine Wurzel aus dem ledernen Sack, in dem sich allerlei Arzneimittel befanden, zerrieb sie und bestrich die Wunde damit. Alsbald atmete Eurypylos auf: denn die Wurzel hatte große Heilkraft und nahm ihm die Schmerzen.

Später, als der Verwundete schlief, ging Patroklos auf das Schiff, um mit Achilleus zu reden.

Der aber war wieder so düsteren Mutes wie zuvor und schickte ihn mit kurzen Worten fort.

So wagte er, nichts von Nestors Plan zu sagen. Dennoch sollte er bald darauf in Erfüllung gehen.

8 Unterdessen zog sich der Ring der troischen Krieger immer enger um das Lager zusammen.

Zwar hatten die Achaier in der Nacht Tore aus starken Holzbohlen in die Mauer eingefügt und an jedem Tor einen Turm aus schweren Balken errichtet.

Aber Hektor lachte nur, als er es sah. »Es soll ihnen nichts helfen«, sagte er siegesgewiss zu seinem Ratgeber Polydamas, der neben ihm auf dem Wagen stand. »Siehst du, schon müssen sie die Tore öffnen, um die Flüchtenden aufzunehmen! Bald werden wir sie alle wieder ins Lager zurückgetrieben haben und diesmal sollen sie nicht mehr entrinnen.«

»Sei nicht zu sicher!«, warnte Polydamas, der niemals die Besonnenheit verlor. »Es wird nicht leicht sein! Kein Pferd und kein Wagen kommen, über diesen Graben! Die Wände fallen auf beiden Seiten steil ab und drüben ist der Rand mit spitzen Pfählen besetzt. Unsere Gespanne würden hinabstürzen und wir selbst hilflos drunten liegen, während die Achaier uns von der Mauer herab mit Pfeilen und Steinen zu Tode treffen. Die Tore sind so fest eingefügt und die Bohlen so stark, dass es uns kaum gelingen wird, sie zu sprengen. Und die Mauer? Vielleicht könnten die Rosse des Rhesos sie überspringen: Allein die hat Odysseus geraubt. Außerdem haben die Achaier jetzt droben eine Brustwehr aus Schilden und gekreuzten Stangen errichtet. Wer sollte sie einreißen, wenn dahinter ihre Krieger stehen und jeden, der etwa den Wall ersteigt, auf ihre Lanzen spießen oder mit dem Schwerte zum Hades senden? Ich rate dir, lass die Wagen mit den Lenkern ein wenig vom Lager entfernt halten: Wir aber wollen versuchen, zu Fuß über den Graben zu kommen und die Mauer zu zerstören. Vielleicht gelingt es uns.«

»Du hast recht!«, gab Hektor zögernd zu. Er wusste freilich selbst, dass dies der einzige Weg war, der Erfolg verhieß. Dennoch schien es ihm zuweilen, als sei Polydamas ein wenig zu vorsichtig. Hektor war an diesem Tage voll Zuversicht. Hatten die Achaier nicht ihre berühmtesten Führer verloren und viele, viele Krieger? Und Achilleus, den die Troer am meisten fürchteten, zeigte sich noch immer nicht auf dem Schlachtfeld! Es hieß, er würde nie wieder kämpfen.

Das Glück ist uns heute günstig und wir müssen es nützen, dachte er entschlossen, rief die Herolde und gab ihnen seine Befehle.

Die Gespanne sollten sich in einem weiten Kreis aufstellen und warten. Auch die Feuer mussten unterhalten werden und an jedem hatte ein Bündel pechgetränkter Fackeln bereitzuliegen. Gelang es, die Tore einzurennen, dann sollten die Rosselenker sogleich die Fackeln entzünden, ins Lager jagen und versuchen, zu den Schiffen durchzukommen. Vermochte man, sie in Brand zu stecken, so waren die Achaier verloren!

»Wir alle aber werden zu Fuß kämpfen!«, sagte Hektor. »Die Mauer hat fünf Tore. So wollen wir uns in fünf Heersäulen aufstellen und jede für sich versucht, über den Graben zu kommen und die Mauer zu zerstören oder das Tor zu zertrümmern und die Schiffe zu erreichen. Die erste Schar will ich selbst mit Polydamas anführen. Die zweite« – er zögerte einen Augenblick –, »die zweite mein Bruder Paris«, fuhr er aber sogleich fort. »Die dritte Helenos und Deïphobos.« Denn auch Helenos war an diesem Tag aus der Stadt herabgekommen, um am Kampfe teilzunehmen, sosehr er ihn auch hasste. Aber es schien ihm schimpflich, untätig daheim zu sitzen.

Die vierte Heerschar sollte Aeneas führen. In der fünften standen die Lykier mit ihren Fürsten Sarpedon und Glaukos. Sarpedon war ein Sohn Zeus Kronions, der einst die schöne Laodomeia geliebt hatte. Zwar vermochte ihn sein Vater nicht vor dem Los der Sterblichen zu bewahren, die alle eines Tages in das Reich der Schatten hinabsteigen müssen. Aber er hatte in diesem Krieg viele Male die Hand über Sarpedon gehalten.

Noch einmal jagte Hektor auf seinem Wagen an den aufgestellten Ordnungen der Troer entlang. Dann schwang er mit einem lauten Kampfruf die Lanze über seinen Kopf und sprang auf die Erde. Im selben Augenblick setzten sich die fünf Heersäulen in Bewegung wie gewaltige tausendköpfige Ungeheuer, die sich anschickten, das Lager der Achaier mit Mann und Maus zu vertilgen.

Grauenvoll erfüllte ihr Geschrei die Lüfte. So näherten sie sich unaufhaltsam dem Graben, die Feinde vor sich hertreibend, die, fast aller ihrer Führer beraubt, verwirrt und kampfesmüde zurückwichen.

Zwar versuchten Ajax Telamonssohn, Ajax, der Lokrer, und Idomeneus, die noch nicht verwundet waren, sie zum Widerstand zu ermuntern, doch vergebens. Mit ohnmächtigem Grimm mussten sie zusehen, wie die Krieger in Scharen durch die Tore zurückfluteten ins Lager oder in den Graben hinabsprangen und jenseits zur Mauer hinaufklommen, wo ihre Gefährten sie über die Brustwehr hereinzogen. Freilich mussten die Wächter hinter den Fliehenden die Tore schleunigst wieder zuwerfen, damit nicht die Troer zugleich eindrangen.

Nur am äußersten Ende des Lagers stand ein Tor offen, denn draußen kämpfte noch ein kleines Häuflein Achaier und versuchte, die Angreifer abzuhalten.

Nun war unter den troischen Bundesgenossen ein Fürst namens Asios, der mit seinem herrlichen Gespann und einer Kriegerschar aus Arisbe gekommen war.

Er hatte voll Zorn Hektors Befehl vernommen, zu Fuß zu kämpfen. Nein, er wollte seine kostbaren Pferde nicht allein lassen! Kriegsglück war wandelbar und man konnte nicht wissen, was noch geschehen würde.

Als er das offene Tor sah, durchzuckte ein Gedanke wie der Blitz seinen Kopf.

»Schnell dorthinein!«, rief er seinem Rosselenker zu. »Wir schlagen uns zu den Schiffen durch und stecken sie in Brand! Das wird uns ewigen Ruhm einbringen!«

Der Lenker schwang die Geißel, schon flogen die Pferde an den Kämpfenden vorüber und jagten durch das Tor hinein, ehe die überraschten Wächter es zu schließen vermochten.

Aber zwei riesige Krieger vom Stamm der Lapithen warfen sich den Rossen entgegen und hängten sich an die Zügel. Im Nu hatten die Feinde den Wagen umringt. Umsonst schleuderte Asios seine Lanzen, umsonst erschlug er ein halbes Dutzend Achaier, die ihn wütend angriffen: Sein böses Geschick führte ihn Idomeneus in den Weg.

Asios sprang vom Wagen, riss das Schwert heraus und stellte sich vor seine Pferde, als er den Kreterkönig erkannte. Nein, feige war Asios nicht, nur eitel und töricht und das kostete ihn das Leben. –

Indessen hatte sich draußen vor dem Lager etwas Seltsames zugetragen. Just als Hektor mit den vordersten Reihen der Troer sich dem Graben näherte, zog ein dunkler Schatten über den Himmel. Die Männer blickten in die Höhe. Ein Adler flog von links her auf sie zu; er trug eine rötliche Schlange in den Fängen. Aber die Schlange war nicht tot: Sie bäumte sich auf und biss den Adler in die Brust, dass er sie fallen lassen musste. Sie fiel mitten unter Hektors Krieger, die erschrocken zurückprallten und voll Grausen auf den schillernden Wurm hinabstarrten, der sich zu ihren Füßen ringelte.

Polydamas sah Hektor an. »Wehe uns!«, sagte er leise. »Dies ist ein böses Zeichen! Jeder Seher würde dir erklären, was es bedeutet: So wie der Adler die Schlange schon in den Fängen hält und wie sie ihm zuletzt dennoch entrinnt und ihn selber tötet, so verhält es sich mit uns und den Achaiern. Wir glauben, sie schon in unserer Gewalt zu haben: Allein sie werden uns wieder entkommen und uns verderben.«

Zorn und bittere Enttäuschung hatten Hektor ergriffen. Wollten ihm die Götter wirklich den Sieg wieder entreißen, der schon so nahe schien?

»Deine Worte gefallen mir nicht, Polydamas!«, sagte er finster. »Und mich kümmert es wenig, ob ein Vogel von rechts oder von links herfliegt! Nur eines kümmert mich: das Land der Väter zu retten und unsere Frauen und Kinder. Ich hoffe, ihr werdet mich nicht im Stich lassen!«

Er sprang als Erster hinab in den Graben und die Troer folgten ihm mit wildem Kampfgeschrei: Wenn das Zeichen sie auch erschreckt hatte, so war doch Hektors Macht über sie größer als ihre Furcht.

Sie mussten die Schilde über den Kopf halten, denn von der Mauer herab regnete es Pfeile und Steine. Dennoch gelang es vielen, die steile Wand jenseits wieder hinaufzuklettern. Sie rissen die spitzen Pfähle aus der Erde und rannten damit gegen die Mauer. Da und dort bröckelte sie ab, aber sie stürzte nicht ein; und droben hinter der Brustwehr standen die achaischen Krieger in Sicherheit, während die Angreifer drunten ein leichtes Ziel boten.

Hektor beobachtete dies alles mit Besorgnis. Er sah auch, dass es den anderen Abteilungen nicht besser erging.

Durch die Tore ins Lager zu kommen, schien unmöglich; versuchte man, sie mit Pfählen oder Felsblöcken zu zertrümmern, so flogen von den Türmen hageldicht die Lanzen auf die ungeschützten Krieger herab und es gab viele Verwundete und Tote.

»Alles ist vergebens«, sagte irgendeinmal Sarpedon zu Glaukos, während sie keuchend Atem schöpften, »solange wir nicht diese Brustwehr da droben einreißen können, hinter der die Achaier so sicher stehen, dass sie über uns lachen! Lass es uns noch einmal versuchen! Komm, wir gehen zurück an den Rand des Grabens, damit wir einen Anlauf nehmen können! Wir müssen mit dem ersten Sprung den Mauerrand erreichen, denn einen zweiten wird es nicht mehr geben, weil wir vorher tot sein werden – das weißt du so gut wie ich!«, fügte er ernst hinzu.

Er wandte sich zurück zu den Bogenschützen, die hinter ihnen standen. »Ihr sollt sehen, dass eure Fürsten keine unwürdigen Männer sind«, sagte er. »Aber wir brauchen eure Hilfe! Wir werden jetzt versuchen, von hier aus auf die Mauer zu springen. Ihr aber müsst zugleich die Achaier, die uns da droben gegenüberstehen, mit einem solchen Hagel von Pfeilen überschütten, dass sie nicht Zeit haben, uns zu treffen. Aber zielt gut, damit eure Geschosse nicht uns in den Nacken fahren!«

Sie lächelten ein wenig, denn sie schossen sehr gut. Ruhig legten sie die Pfeile auf die Sehne.

Sarpedon und Glaukos standen nebeneinander am Graben, zwischen ihnen und der Mauer war nur ein schmaler Raum. Schilde und Lanzen hatten sie auf die Erde gelegt, denn sie mussten die Hände freihaben.

»Jetzt!«, sagte Sarpedon. Sie sprangen im selben Augenblick, sie erreichten zugleich den Fuß der Mauer, während eine Wolke von Pfeilen über ihre Köpfe schwirrte und die Wächter droben an der Brustwehr zwang, sich hinter die Schilde zu ducken.

Jetzt ein hoher Sprung – irgendwie fanden die Füße an den Mauersteinen Halt – schon streckten sich die Hände nach den Stützen der Brustwehr aus, da kam vom Torturm ein Pfeil geflogen. Er fuhr Glaukos in den Arm, der sogleich kraftlos herabsank.

Glaukos taumelte und stürzte rücklings von der Mauer. Zwar raffte er sich sogleich wieder auf, riss den Pfeil aus der Wunde und ging wankenden Schrittes zurück hinter die Reihen der Krieger.

Sarpedon sah es, aber er hatte keine Zeit, sich um seinen Gefährten zu kümmern. Seine Hände hatten die hölzernen Stangen gepackt – ein Ruck, der die Sehnen zum Zerreißen spannte –, dann stürzte ein Stück der Brustwehr krachend zusammen und warf ein paar Wächter jenseits ins Lager hinab.

Die Lücke war plötzlich da, vielleicht fünf Schritte breit. Kaum hatten die Lykier es gesehen, da sprangen sie los wie die Hirsche. Im Handumdrehen stand ein Dutzend von ihnen droben neben Sarpedon. Freilich rannten auch die Achaier von allen Seiten herbei, um die Bresche wieder zu schließen, und auf der Mauer entspann sich ein wütendes Handgemenge. Allein, weder vermochten die Achaier, die Lykier von der Mauer zu verdrängen, noch gelang es den Angreifern, ins Lager zu dringen. Wer es gewagt hätte hinabzuspringen, der wäre drunten in die Lanzen gestürzt, die wie die Stacheln eines riesigen Igels heraufstarrten.

So schien es fast, als sei die mutige Tat der beiden Fürsten umsonst gewesen.

Aber plötzlich scholl vom ersten Tor herüber, wo Hektor und Polydamas mit ihrer Schar kämpften, ein lautes Getöse, Krachen und Bersten und dann ein ohrenbetäubendes Gebrüll. –

Die Männer auf der Mauer und drunten an ihrem Fuß horchten entsetzt auf und starrten hinüber.

Da sahen sie es: Die Torflügel hingen zerborsten in den Angeln, von draußen stürmten die Troer ins Lager, allen voran leuchtete Hektors roter Helmbusch.

Es war, als habe ein aufgestauter Strom plötzlich einen Ausweg gefunden und reiße alles mit sich fort.

Vom zweiten Tor eilte Paris mit seinen Kriegern herbei, zugleich auch schon Helenos, Deïphobos und Aeneas. Die Luft zitterte vom Triumphgeschrei der Troer, die sich dicht gedrängt mit unwiderstehlicher Gewalt zwischen den Zelten vorwärtsschoben und die Achaier gegen die Schiffe zurückdrängten.

Die Wächter sprangen von der Mauer herab. Denn was sollten sie noch da droben, wenn das Lager schon von den Feinden überflutet war?

In den Zeltgassen wurde erbittert gekämpft. Die Lykier drangen ungehindert durch die Lücke in der Brustwehr und fielen von der anderen Seite über die fliehenden Achaier her.

Langsam, aber unausweichlich näherte sich das Getümmel den Schiffen.

Irgendeinmal sah Hektor, dass Polydamas nicht weit von ihm entfernt kämpfte. »Die Götter sind uns gnädig, trotz des üblen Zeichens!«, rief er ihm zu.

Polydamas warf einen Blick in sein Gesicht, das rot und heiß vom Kampf war. Aber Hektors Augen leuchteten.

Da überkam Polydamas plötzlich etwas wie Mitleid; er wusste nicht genau, warum.

Fast mit Grauen hatte er gesehen, wie Hektor das Tor zertrümmerte mit dem scharfkantigen Felsblock, den er aus der Erde gerissen hatte. Mit menschlicher Kraft schien es unmöglich! Trieben die Götter ihr Spiel mit Hektor? Verliehen sie ihm solche Stärke, um ihn danach zu verderben? –

Auf dem höchsten Gipfel der waldigen Insel Samothrake saß zu dieser Stunde Poseidon, der Beherrscher der Meere. Mit Erstaunen sah er die gewaltige Schlacht, die jetzt am Ufer tobte, wo die Schiffe der Achaier lagen.

Groll gegen Zeus Kronion stieg in ihm auf. »Muss er wirklich so viel Elend über alle bringen, nur um diesem stolzen Achilleus Sühne zu verschaffen? Zwar hat er uns verboten, uns auf dem Schlachtfeld blicken zu lassen! Aber er wird mich eben nicht erblicken!«

Poseidon erhob sich und stieg mit so zornigen Schritten den Berg hinab, dass die Insel davon erzitterte.

Er tauchte in die Tiefe des Meeres nieder, wo sein goldener Palast stand, schirrte die Rosse mit den weißen Mähnen an seinen Wagen und fuhr immer wieder aufwärts durch die graue Flut. Aus den Klüften hüpften die Ungeheuer des Abgrundes herbei, vielarmige ungestalte Wesen schwammen eine Weile neben ihrem Gebieter her, ein Gewimmel von silbernen Fischen folgte ihm.

Zwischen Tenedos und dem klippenumstarrten Eiland Imbros befand sich eine geräumige Grotte. Dorthinein lenkte Poseidon sein Gespann.

Er selber stieg gemächlich zur Oberfläche hinauf, überlegend, in welcher Gestalt er den Achaiern am besten Mut zusprechen könnte und zugleich seinem mächtigen Bruder Zeus am wenigsten auffiele.

Zuletzt kam ihm ein guter Gedanke, und als er zwischen den Schiffen unbeachtet ans Land stieg, glich er aufs Haar Kalchas, dem Seher, der bei den Achaiern hochgeehrt war.

Ohne Eile schob er sich kreuz und quer durch das Gedränge der verwirrten und erschrockenen Krieger, die bei den Schiffen Zuflucht gesucht hatten.

Bald traf er Ajax Telamonssohn, seinen Bruder Teukros und Ajax, den Lokrer, die just einen Augenblick vom Kampf rasteten. »Wehe, ihr tapferen Fürsten!«, redete er sie an. »Wie weit ist es mit den Achaiern gekommen! Früher haben wir droben vor der Stadt gekämpft: Jetzt haben uns die Troer schon herabgejagt ans Ufer des Meeres und nicht mehr lange wird es dauern, bis Hektors Krieger den Feuerbrand in die Schiffe werfen! Kommt, wir wollen den Männern zureden, dass sie wieder Mut fassen!«

Schon war er fort und trat zu einigen vornehmen Jünglingen, die müde, schweißüberströmt und staubbedeckt aus der Schlacht geflohen waren.

Niemand merkte, dass sich der Beherrscher der Meere flugs wieder verwandelt hatte. Er sah jetzt aus wie einer ihrer jungen Gefährten, der eben noch im Kampf neben ihnen gestanden war.

»Freunde, wir dürfen uns nicht so mit Schmach bedecken und den Troern weichen!«, mahnte er eindringlich und sie blickten beschämt zu Boden. Aber sogleich rafften sie sich wieder auf, riefen noch andere junge Krieger zusammen und stürmten abermals in die Schlacht.

Poseidon aber erblickte jetzt im Getümmel Idomeneus. Als er sich zu ihm durchgedrängt hatte, war er Thoas, dem Fürsten von Lemnos, zum Verwechseln ähnlich geworden. »Bist du nicht mehr imstande, dein Kriegsvolk zusammenzuhalten?«, sprach er in zornigem Ton. »Ich habe viele Kreter bei den Schiffen stehen gesehen; sie wischen sich die Gesichter ab wie weinende Frauen! Wahrhaftig, die Angst vor Hektor macht die Achaier zu Weibern!«

»Schmähe meine Krieger nicht!«, rief Idomeneus empört. »Sie haben tapfer genug gekämpft; einmal müssen sie Atem schöpfen!«

Meriones sprang vorüber. »Ich habe keine Lanze mehr!«, schrie er. »Eine ist gebrochen, die zweite steckt einem Troer im Leibe! Ich will mir eine andere aus dem Zelte holen!«

Unerkannt strich Poseidon weiter durch das Heer, drohte, mahnte und schalt die Krieger und ihre Anführer; und da die Worte der Unsterblichen eine viel größere Macht haben als die der Menschen, schwand die Angst der Achaier alsbald dahin wie Schnee vor der Sonne. Sie sammelten sich wieder um ihre Fürsten und stürmten vorwärts.

Deïphobos, einer der Priamossöhne, hatte gesehen, wie Idomeneus Asios erschlug, dem er befreundet war. Später begegneten sie einander mitten im Gewühl. »Nun sollst du mir für den Tod meines Freundes büßen!«, rief Deïphobos und schleuderte seine Lanze. Idomeneus duckte sich unter den Schild; das Erz ertönte, als die Waffe seinen Rand streifte; sie traf einen jungen Fürsten, der hinter dem Kreterkönig stand, in die Stirn.

»Nun braucht Asios nicht allein zum Hades hinabzusteigen: Ich habe ihm einen Begleiter mitgegeben!«, frohlockte Deïphobos.

Aber im selben Augenblick stürzte neben ihm Alkathoos nieder, dem Aeneas seine Schwester zur Gemahlin gegeben hatte.

Zwei andere Troer, die sich Idomeneus entgegenwarfen, fielen nach kurzem Kampf.

»Wie gefällt dir unsere Rechnung, Deïphobos: drei für einen?«, schrie Idomeneus über die Kämpfenden hinweg, denn das Getümmel hatte sie inzwischen getrennt.

Deïphobos aber erblickte plötzlich Aeneas ganz in der Nähe und rief ihn an: »Räche deinen Schwager! Es ist hohe Zeit, dass endlich jemand den Kreter tötet!«

Doch auch Aeneas vermochte Idomeneus nicht zu besiegen. Zwar musste der tapfere Kreterkönig seinen schrecklichen Schwerthieben weichen, und als ihm der Schild gänzlich in Stücke gehauen war, zog er sich langsam in die Reihen der Achaier zurück. Deïphobos schleuderte ihm die Lanze nach, doch verfehlte er ihn abermals. Und diesmal traf das tödliche Geschoss Askalaphos, den Sohn des Ares.

Der Kriegsgott erfuhr es nicht. Er lag in seinem Palast auf dem Olympos und ließ sich seine Wunde pflegen, fast berstend vor Grimm, weil es ihm verwehrt war, drunten über das Schlachtfeld zu toben. –

Menelaos fand sich unversehens Helenos gegenüber, der schon den Bogen auf ihn spannte. Aber der kriegsgewohnte Atride war schneller: Seine Lanze durchschoss Helenos die Hand und er musste vom Kampfe ablassen.

Ein wunderlicher Zufall wollte es, dass fast im gleichen Augenblick eine andere Lanze Deïphobos durch den Oberarm fuhr. Meriones, der sie geworfen hatte, sprang ihr blitzschnell nach und riss sie wieder heraus. Sie hatte aber eine große Ader durchschnitten und das Blut quoll in kleinen Wellen aus der Wunde.

Polites, der jüngste Priamossohn, umwand hastig den Arm mit einem Band aus geflochtener Wolle, damit sein Bruder nicht verblute; dann führte er Deïphobos zurück zu den Wagen und befahl seinem Rosselenker, ihn in die Stadt hinaufzubringen.

Die Achaier sahen dies alles mit Freude und Menelaos rief: »Habt ihr noch immer nicht genug vom Krieg, ihr Troer? Aller Dinge des Lebens wird man doch einmal satt: des Tanzes, des Gesanges, der köstlichsten Speisen, ja selbst des Schlummers und der Liebe! Ihr aber seid unersättlich im Kampfe!«

Darin aber irrte er sich. Denn die troischen Fürsten fragten sich schon seit geraumer Zeit sehr beunruhigt, wie lange denn dieser Kampf noch dauern sollte, da die Achaier immer wieder angriffen, wie oft man sie auch in die Flucht trieb.

Einmal schlug sich Polydamas zu Hektor durch, der weit entfernt von den Schiffen droben an der Mauer kämpfte. »Ich weiß, dass

du nicht gern einen Rat annimmst«, sagte er. »Aber bedenke: Die Götter verleihen niemals einem Sterblichen alle Gaben! Dir haben sie Stärke und Mut, Macht und Reichtum verliehen, anderen die Kunst des Tanzes und des Gesanges oder so viel Verstand, dass sie dem Menschengeschlecht nützen können. Es könnte doch sein, dass sie mir die Gabe des guten Rates zugeteilt haben. Willst du hören, was ich meine? Du sollst jetzt vom Kampf rasten und unsere Fürsten zusammenrufen. Ich bleibe hier und du sagst ihnen, sie mögen alle hierherkommen. Es ist Zeit, einen Entschluss zu fassen! Wir haben viele unserer besten Krieger verloren, denn die besten kämpfen ja stets in der vordersten Reihe. Die Übermacht der Achaier ist noch größer geworden. Dazu müssen wir über das ganze Lager zerstreut kämpfen, von der Mauer bis zu den Schiffen. Ich frage mich, ob wir uns in die Stadt zurückziehen oder ob wir bleiben sollen. Geht der Kampf weiter, so werden nur wenige von uns die Straßen von Troja wiedersehen.«
Hektor fuhr auf. »Es muss uns gelingen, die Schiffe zu verbrennen!« Polydamas zuckte die Achseln. »Die Achaier werden sie verteidigen, und wenn sie mit Fäusten und Zähnen kämpfen müssten. Und noch eines, Hektor: Hast du Achilleus vergessen? Noch hat er das Schlachtfeld nicht betreten. Aber ehe er zusieht, wie die Achaier untergehen, wird er kämpfen – das schwöre ich dir! Und wie er dann kämpfen wird, das brauche ich dir nicht zu sagen!«
Hektor antwortete nicht. »Ich will die Fürsten rufen!«, sagte er nur und wandte sich ab.
Er ging an der Mauer entlang, wo es jetzt ruhig war. Wenn er einen der troischen Führer erspähte, rief er ihn an: Es war aber nicht leicht, sie zu erkennen mit ihren von Staub und Schweiß verschmierten Gesichtern unter den zerbeulten Helmen.
Aber plötzlich kam ihm mit leichtem Schritt ein Krieger entgegen:

Die silbernen Ketten an seinem Harnisch klirrten leise und der weiße Rossschweif auf dem Helm flog glatt und glänzend im Winde. In der Hand hielt er lässig den kostbaren Bogen.

Hektors Gesicht wurde hart, als er ihn erkannte. »Du bist es, Paris? Ich hätte es mir denken können! Kommst du aus dem Bad oder aus der Schlacht? Und sage mir, wo sind Helenos und Deïphobos, unsere Brüder? Ich habe sie nirgends gesehen! Auch Asios habe ich nicht gefunden!«

»Ihn hat Idomeneus zum Hades gesandt!«, sagte Paris betrübt. »Unsere Brüder aber sind zur Stadt hinaufgefahren. Sie sind verwundet und konnten nicht mehr kämpfen. Aber – warum schmähst du mich schon wieder? Ganz so unkriegerisch, wie du meinst, hat mich die Mutter nicht geboren! Sieh her, mein Köcher ist leer! Aber freilich, du konntest nicht sehen, wie tapfer wir drunten bei den Schiffen gekämpft haben!«, fügte er treuherzig hinzu. Hektor sah ihn an und schüttelte leise den Kopf. Nein, nichts und niemand würde Paris ändern, dachte er, während sie miteinander zurückgingen zu Polydamas, bei dem sich schon die anderen Fürsten versammelt hatten.

Die Beratung dauerte nicht lange: denn es zeigte sich, dass keiner der Anführer den Kampf aufgeben wollte – jetzt, da man die Achaier schon zu den Schiffen hinabgedrängt hatte. Auch die Mauer bot keinen Schutz mehr; sie war an vielen Stellen eingestürzt, die Steine hatte man herausgerissen und zum Kämpfen benutzt; sie lagen überall im Felde verstreut.

Hektor nickte nur, als er die Meinung der Gefährten gehört hatte.

»Also hinunter zu den Schiffen!«, befahl er.

Während die Fürsten durchs Lager gingen, kamen von allen Seiten ihre Krieger herbei und folgten ihnen: denn hier im oberen Teil waren die Kämpfe zu Ende.

Drunten am Strand aber herrschte ein solches Getümmel, dass man kaum noch Freund und Feind unterscheiden konnte.
Dorthin wandte sich Hektor und die Scharen der Troer stürmten mit ohrenzerreißendem Gebrüll hinter ihm her.

Poseidon, der immer noch zwischen den Achaiern hin und her lief, erschrak. Würden die müden Männer dem neuen Ansturm noch standhalten? Bald in dieser, bald in jener Gestalt redete er ihnen zu; fand er jemanden, der fliehen wollte, so stieß er ihn zurück in den Kampf. Dabei schwitzte er vor Angst, Zeus Kronion könnte ihn erspähen – und dann – wehe ihm!
Aber noch deutete kein Anzeichen darauf hin und so fuhr er fort, zu mahnen, zu bitten und zu drohen und sich blitzschnell zu verwandeln.

9 Als bei den Schiffen der entsetzliche Tumult losbrach, sprang Nestor, der noch bei Machaon im Zelt saß, erschrocken auf. »Ich muss fort!«, sagte er hastig, während er schon seine Waffen ergriff und den Helm festband. Er befahl der Magd, für den Verwundeten zu sorgen, und lief aus dem Zelt.
Draußen stieß er fast mit Agamemnon zusammen. Der Atride war sehr bleich und seine Augen flackerten, als hätte er Fieber.
Nestor sah, dass er sich auf seine Lanze stützen musste, weil ihm die Knie wankten.
»Was für ein neuer Schrecken bricht über uns herein?«, fragte Agamemnon. »Ich fürchte, Hektor macht jetzt seinen Schwur wahr: nicht eher nach Troja heimzukehren, ehe die Achaier vernichtet und die Schiffe zu Asche verbrannt sind.«
Während er noch redete, kamen Odysseus und Diomedes. Sie waren beide bewaffnet. Nestor schüttelte unmutig den Kopf, weil er merkte, dass Diomedes erbärmlich hinkte und Odysseus die Zähne zusammenbiss, um nicht vor Schmerzen zu stöhnen.
»Was tut ihr, edle Fürsten?«, sagte er. »Ihr solltet im Zelt bleiben. Verwundete taugen nicht zum Kampf. Ich bitte euch –«
»Es wird auch nichts mehr nützen, wenn ihr kämpft«, unterbrach ihn Agamemnon. »Die Götter wollen uns verderben. Die Mauer, von der wir glaubten, sie würde uns und die Schiffe schützen, ist zerstört. Uns bleibt nur, hier ruhmlos zu sterben oder zu fliehen. Ich werde also Befehl geben, die Schiffe, die auf dem Strande liegen, ins Wasser zu ziehen, sobald es dunkelt. Die Ruderknechte sollen sich bereithalten. Nachts müssen uns die Troer Frieden geben. Dann gehen wir heimlich auf die Schiffe. Es ist keine Schande, im Dunkeln der Gefahr zu entfliehen: besser, als bei Tage von ihr ereilt zu werden!«
Er schwieg einen Augenblick und holte keuchend Atem.

Odysseus starrte ihn ungläubig an. »Aus dir spricht das Fieber, Atride!«, sagte er zornig. »Und ich will deine Worte nicht gehört haben. Glaubst du wahrhaftig, ein einziger unserer Krieger würde noch weiterkämpfen, wenn sie gewahr werden, dass man die Schiffe ins Wasser zieht? Nein, sie würden voll Angst die Köpfe dem Meere zuwenden, um zu sehen, was geschieht, und scharenweise von den Troern erschlagen werden.«

Agamemnon strich sich müde über die Stirn, auf der kalter Schweiß stand. »Du hast recht«, murmelte er, »und wenn einer von euch einen besseren Rat weiß, so will ich ihn gerne befolgen!«

»Der edle Nestor hat wahr gesprochen!«, sagte Diomedes schnell. »Verwundete taugen nicht zum Kampfe. Aber mir scheint, wir sollten uns wenigstens den Kriegern zeigen, damit sie wissen, dass es nicht allzu schlimm um uns steht. Das wird ihre Zuversicht stärken.«

In diesem Augenblick kam Poseidon vorüber. Er sah jetzt aus wie Agamemnons alter Waffenmeister, der die Jünglinge im Bogenschießen und im Speerwurf unterwies.

»Lasst den Mut nicht sinken, ihr Fürsten!«, rief er eindringlich. »Noch ist nichts verloren. Einige von den Göttern stehen auf unserer Seite, ich weiß es gewiss. Geht hinab zu den Schiffen, damit die Männer euch sehen. Ich will es auch tun!«

Und er stürmte mit einem so gewaltigen Schlachtruf davon, dass sie ein Grauen anwandelte. Gleich darauf hörten sie sein Gebrüll schon drunten am Strande. –

Hera blickte lächelnd vom hohen Olympos hinab. Sie hatte Poseidon erkannt und sie freute sich über seine Bemühungen, den Achaiern zu helfen. Aber sie hatte Angst. Früher oder später würde ihn auch Zeus Kronion erspähen – und dann? Sogleich begann die kluge Göttin, nach einem Ausweg zu suchen. Und als sie ihn gefunden hatte, begab sie sich zu ihrer Tochter Aphrodite, die indessen von ihrer Verwundung genesen war. »Mein liebes Kind, willst du mir einen Dienst erweisen?«, sagte sie und blickte so bekümmert drein, dass Aphrodite sich sogleich dazu bereit erklärte. »Ja, siehst du«, redete Hera eifrig weiter, »ich habe vor, an die Grenzen der Erde zu reisen. Zwischen meinem Vater Okeanos und meiner Mutter herrscht seit Langem Feindschaft. Das betrübt mich sehr und darum habe ich beschlossen, sie miteinander zu versöhnen. Aber wie soll ich erreichen, dass sie einander wieder lieben? In meiner Macht liegt es nicht. Du aber hast den Liebeszauber, der Götter und Menschen bezwingt. Nur du kannst mir helfen!«

Aphrodite lächelte. »Wenn es weiter nichts ist!«

Sie löste den schimmernden Gürtel, der ihr Gewand zusammenhielt, und reichte ihn Hera.

»Du weißt, dass der Liebeszauber darin eingeschlossen ist«, sagte sie. »Ich will ihn dir gerne leihen und ich verspreche dir, niemand wird ihm widerstehen!«

Hocherfreut ging Hera fort und begab sich in ihr goldenes Gemach, das keiner von den anderen Göttern öffnen konnte. Dort schloss sie sich ein, wusch sich sorgsam mit Ambrosia und salbte die Haut mit duftendem Öl. Sie ordnete ihr Haar in zierliche Locken und legte das golddurchwirkte Gewand an, das Pallas Athene für sie verfertigt hatte. Und weil den Unsterblichen ohnehin ewige Jugend und Schönheit verliehen ist, war sie jetzt so schön, dass sich eine Weile zufrieden in ihrem silbernen Spiegel betrachtete.

Dann band sie Aphrodites Gürtel um und verließ den Palast der Götter und den Berg.

Sie musste jetzt den Gott des Schlafes suchen: denn sie brauchte auch seine Hilfe. Nur wusste sie nicht genau, wo sie ihn finden würde.

So flog sie spähend durch die lieblichen Gefilde von Pieria hinweg, über die schneebedeckten thrakischen Berge, sie schwebte vom Athos herab aufs Meer und betrat endlich die Insel Lemnos. In der Stadt des Königs Thoas fand sie den Gesuchten. Er war ein sanfter Gott, aber er übte eine unwiderstehliche Macht über Sterbliche und Unsterbliche aus. Dennoch war er keiner der höchsten Götter.

Staunend betrachtete er die Herrin des Olympos. Er kannte sie wohl. Doch was konnte sie bewegen, ihn hier aufzusuchen?

Fast schrak er zusammen, als sie ihn jetzt anredete. »Du sollst etwas für mich tun«, sagte sie so freundlich, dass er sogleich misstrauisch aufhorchte.

»Du brauchst es nicht umsonst zu tun«, fuhr sie schnell fort. »Ich werde meinem Sohn Hephaistos den Auftrag geben, zur Belohnung einen goldenen Thronsessel für dich zu schmieden. Darin kannst du dich nach Herzenslust ausruhen. Du hast nichts anderes dafür zu tun als das, was du auch sonst tust: Du sollst nämlich jemanden in tiefen Schlummer versenken.«

Er starrte sie verdutzt an. »Ja – aber wen?«

Sie lächelte strahlend. »Zeus Kronion!«

Jetzt erschrak er wirklich. »Nein, erhabene Gebieterin!«, stieß er hervor. »Jeden anderen – nur nicht Zeus Kronion! Einmal schon musste ich ihn auf deinen Befehl einschläfern, damals, als du Herakles, seinen Sohn, nachts über die öden Meere jagtest und ihn auf die einsame Insel Kos warfst! Entsinnst du dich? Als Zeus erwachte, geriet er in einen entsetzlichen Zorn. Er suchte mich, um mich zu vernichten. Als er mich nicht fand, schleuderte er in seiner Wut die anderen Götter im Saale umher, dass die Felsen vom Olympos stürzten.«

»Ich weiß es!«, antwortete Hera ungeduldig. »Aber ich will dich noch viel reicher belohnen, wenn du es dennoch wagst. Du liebst doch Pasithea, die jüngste meiner Grazien! Ich gebe sie dir zu Gemahlin, wenn du tust, was ich verlange!«

Als der Gott des Schlafes das hörte, kämpfte er einen kurzen schweren Kampf zwischen seiner Angst und seiner Liebe.

»Schwörst du mir den Eid der Unsterblichen, mir Pasithea zur Ehe zu geben?«, fragte er endlich vorsichtig.

Da schwor Hera den furchtbaren Eid der Götter, bei Himmel, Erde und Meer, bei den Titanen der Unterwelt und den Wassern des Styx, der den Tartaros durchströmt.

Darauf machten sie sich, in Nebel gehüllt, auf den Weg zum Berge Ida.

Zeus Kronion saß auf dem Gipfel unter der großen Tanne und der Gott des Schlafes machte einen weiten Bogen um ihn, ehe er sich droben im dichten Geäst niederließ.

Hera aber glitt mit einer anmutigen Bewegung an die Seite ihres Gemahls. Ihre Stimme klang sehr zärtlich, als sie ihn begrüßte, und ihre Hand legte sich schmeichelnd auf seine Schulter.

Zeus fuhr aus seinen Gedanken auf. »Du bist es?«, sagte er verblüfft. »Was führt dich her, so ohne Rosse und Wagen?« Er starrte sie an und sein Gesicht veränderte sich langsam auf eine sonderbare Weise. »Und – wie siehst du denn aus? Du – du bist sehr schön –, mir scheint, ich habe dich nie so schön gesehen seit damals, als du meine Gemahlin und die Herrin der Götter wurdest. Komm, setze dich zu mir, wir haben lange nicht freundlich miteinander geredet, weil uns dieser Krieg da drunten immer wieder entzweite. Aber das will ich jetzt vergessen!« Und er streckte sich behaglich in Gras und Blumen aus.

Hera verbarg die funkelnden Augen schnell hinter den gesenkten

Lidern. Ihre Hand strich über Aphrodites Gürtel: Der Zauber tat seine Schuldigkeit!

»Ich gedenke, mich morgen auf eine weite Reise zu begeben, mein Gebieter«, begann sie behutsam. »Und ich wollte nicht ohne Abschied fortgehen, damit du mir nicht später zürnst!« Und sie erzählte abermals mit geläufiger Zunge die Geschichte, die sie schon Aphrodite erzählt hatte. Der Gott des Schlafes saß indessen droben in der Tanne, und als ihm die Zeit dafür gekommen schien, ließ er eine kleine dunkle Wolke herabschweben, die sich über Zeus Kronions Augen legte. –

Als Hera merkte, dass ihr Gemahl fest eingeschlummert war, rief sie den Gott vom Baum herab und befahl ihm, sich eilends auf das Schlachtfeld zu begeben und Poseidon zu sagen, er könne jetzt ohne Gefahr den Achaiern jede Hilfe leisten, da der Beherrscher des Olympos in tiefem Schlafe liege.

»Aber er mag sich beeilen«, fügte sie hinzu, »denn ich weiß nicht, wann Zeus erwacht.«

Der Gott des Schlafes flog fort und Hera blieb wohl oder übel neben dem Schlummernden sitzen.

Wenn er beim Erwachen merkt, dass ich ihn betrogen habe, um Poseidon und den Achaiern zu helfen, wird er in Zorn geraten, dachte sie. Dann muss ich zur Stelle sein, um ihn zu besänftigen. Sonst könnte es sein, dass er etwas Schreckliches tut.

Da hörte sie auch schon mit einem leisen Schaudern Poseidons gewaltigen Schlachtruf, der so laut tönte, als schrien tausend Männer. Sie sah ihn, wie er zwei Lanzen aufraffte und gegen die Troer stürmte, alsbald gefolgt von den Scharen achaischer Krieger, die mit Staunen sein Gebrüll vernahmen und meinten, ihre Gefährten seien von neuer Kampfbegier erfüllt. Und wie es ja häufig zu geschehen pflegt, rissen sie auch die Zaudernden wieder mit sich fort. Wie ein Wirbelsturm fielen sie über die völlig verblüfften Troer her, denen der Sieg schon gewiss schien.

Zorn und grimmige Enttäuschung fassten jetzt selbst Hektor. Als er sich plötzlich Ajax gegenübersah, schleuderte er voll Wut seine Lanze. Sie hätte Ajax die Brust durchbohrt. Aber dort kreuzten sich die starken silberbeschlagenen Riemen von Schild und Schwertgehänge und die eherne Spitze vermochte sie nicht zu durchdringen.

Ajax aber bückte sich blitzschnell nach einem schweren Stein.

Der Stein flog über Hektors Schild hinweg und traf ihn mit schrecklicher Wucht zwischen Brust und Hals.

Hektor drehte sich taumelnd um sich selbst – dann stürzte er wie vom Blitz getroffen zu Boden. Wildes Freudengebrüll erscholl auf der Seite der Feinde, während die Troer starr vor Entsetzen ihren Anführer niederstürzen sahen.

Hageldicht flogen jetzt die Lanzen der Achaier herüber, aber Aeneas, Polydamas, Glaukos und Sarpedon waren schon an Hektors Seite gesprungen und deckten ihn mit ihren Schilden, während andere Gefährten ihn eilig aufhoben und aus dem Lager forttrugen, hinaus zu den Wagen.

Seine Augen waren geschlossen, er hatte die Besinnung verloren und niemand wusste, ob er lebte oder tot war.

Als sie ihn aber am Flussufer ins Gras legten und ihn mit Wasser besprengten, kam er zu sich.

Er versuchte, sich aufzurichten. Doch er sank sogleich wieder zurück und abermals wurde es Nacht um ihn.

So sah er nicht mehr, wie die Troer in wilder Hast den Strand und das Lager verließen, durch alle Tore herausdrängten, über die zerfallene Mauer und durch den Graben kletterten und erst draußen vor der Wagenreihe allmählich zum Stehen kamen.

Zu dieser Zeit erwachte Zeus Kronion. Sogleich warf er einen Blick auf das Schlachtfeld hinab und Hera sah, wie sich sein Gesicht verfinsterte. Ihr Herz begann, ängstlich zu klopfen. Wenn Aphrodites Zauber nicht half, dann . . .

Langsam wandte sich Zeus zu ihr herüber. »Das war es also!«, sagte er mit leisem Spott. »Ich hätte es mir denken können, dass deine plötzliche Freundlichkeit etwas zu bedeuten hat! Da drunten liegt Hektor gegen meinen Willen verwundet, die Troer sind von den Schiffen und aus dem Lager verjagt und dein Bruder Poseidon tobt vor den Achaiern her und feuert sie mit fürchterlichem Gebrüll an! Ihr habt es also trotz meines Verbotes nicht lassen können, euren Schützlingen beizustehen!«

In ihrer Angst ließ Hera Poseidon augenblicklich im Stich, um sich selber zu retten. »Ich schwöre dir, ich habe Poseidon nicht überredet, in den Kampf einzugreifen! Er muss es wohl aus Mitleid getan haben. Ich wollte nur –«

»Du wolltest nur, dass ich eine Weile schlafe und deinen Bruder nicht sehe«, unterbrach sie Zeus grimmig. »Dadurch haben die Achaier Zeit gewonnen, die Troer mit seiner Hilfe aus dem Lager zu werfen! Ich will dich nicht fragen, was du dem Gott des Schlafes für seinen Dienst versprochen hast. Ich werde dich auch nicht bestrafen, wie du es eigentlich verdienst: denn ich fühle mich heute sehr zur Milde gestimmt – obgleich ich nicht weiß, warum.«

Hera atmete auf und ihre Finger strichen verstohlen über den schimmernden Gürtel.

»Ich rate dir aber«, fuhr Zeus strengen Tones fort, »begib dich jetzt schleunigst zum Palast der Götter und rufe Iris und Phöbos Apollon hierher. Und versuche ja nie wieder, mich zu betrügen! Du weißt, ich habe dir schon einmal an jeden Fuß ein schweres

Gewicht gebunden und dich mit gefesselten Händen zwischen Himmel und Erde schweben lassen!«

Daran dachte Hera mit Schaudern, während sie eilends zum Olympos flog.

Im Palast der Götter setzte sie sich düster und schweigsam auf ihren Platz.

Themis, die Ordnerin beim Mahle, brachte ihr einen Becher mit Nektar und fragte neugierig, was ihr denn fehle.

»Ach«, sagte Hera missmutig, »wir sind alle arme Toren, wenn wir glauben, dass wir Zeus Kronion überlisten können. Er wird immer klüger und stärker sein als wir.« Ihr Blick fiel auf den Kriegsgott, der, sehr übler Laune, den Kampf drunten beobachtete, an dem er nicht teilnehmen durfte. »Auch Ares meinte, er könnte ungestraft nach seiner Willkür das Grauen des Krieges entfesseln: Jetzt liegt sein eigener Sohn Askalaphos erschlagen im Felde!«, fügte sie hinzu.

Ares fuhr mit einem wilden Schrei auf, als er das hörte. »Wehe mir! Aber ich werde Askalaphos rächen! Was schert mich Zeus Kronions Verbot?«

Er rannte zur Tür hinaus, brüllte nach seinem Gespann und bewaffnete sich voller Hast.

Aber Pallas Athene sprang ihm nach, riss ihm Schild und Lanze aus den Händen und den Helm vom Kopfe. »Hat dich Wahnwitz befallen?«, fuhr sie ihn an. »Willst du dich selber und uns verderben? Du weißt, Zeus Kronion würde in seinem Grimm wenig Federlesens mit uns allen machen! Viele sind in diesem Krieg gestorben und Askalaphos taugte nicht viel! Wozu willst du dich gegen das Schicksal auflehnen?«

Hera hatte indessen Iris und Phöbos Apollon herbeigewinkt. »Begebt euch sogleich zum Berge Ida! Zeus erwartet euch dort!«

Sie verschwanden stürmischen Fluges und ließen sich wenig später auf dem Berggipfel neben dem Beherrscher der Götter nieder.
»Siehst du dort drunten Poseidon, der so schrecklich tobt und die Achaier in die Schlacht hetzt?«, sprach Zeus sogleich zu Iris. »Begib dich eilends zu ihm und befiehl ihm, entweder auf den Olympos zu kommen oder schleunigst in die Tiefe des Meeres hinabzutauchen. Sehe ich ihn noch einmal auf dem Schlachtfeld, so wird er mit mir selbst zu kämpfen haben und das soll ihm übel bekommen!«
Iris flog fort, schnell wie ein Adler, der sich vom Bergesgipfel hinabstürzt ins Tal.
Poseidon ergriff heftiges Unbehagen, als die Götterbotin an seine Seite trat. Sein Kampfgeschrei verstummte jäh. »Was willst du?«, murmelte er voll böser Ahnung.
»Zeus Kronion befiehlt dir, dich augenblicklich aus der Schlacht zu entfernen und nie mehr zurückzukehren!«, sagte sie ernst.
»Woher nimmt Zeus das Recht, mir etwas zu befehlen?«, begehrte Poseidon auf. »Als unser Vater Kronos besiegt war, teilten wir, seine drei Söhne, alles Bestehende: Mir fiel durch das Los die Herrschaft über die Meere zu, meinem Bruder Hades das Reich der Schatten in der Tiefe des Tartaros, während Zeus, dem Jüngsten, der Himmel zugesprochen wurde. Die Erde und der Berg Olympos aber sollten uns allen gemeinsam gehören! Also tue ich auf der Erde, was mir gefällt.«
Iris wiegte bedenklich den Kopf. »Soll ich Zeus Kronion diese Antwort überbringen? Es ist nicht klug, wenn der Schwächere dem Stärkeren trotzt, erhabener Gebieter der Meere!«
Poseidon starrte mürrisch vor sich hin. Er wusste genau, Iris hatte recht. »Meinetwegen – so gehe ich!«, knurrte er endlich, obgleich er nur sehr ungern nachgab. »Aber eines sage ich dir: Wenn mein

großmächtiger Bruder zuletzt den Troern den Sieg verleiht, dann herrscht für immer Feindschaft zwischen ihm und mir!«

Iris nickte ihm begütigend zu und war im nächsten Augenblick verschwunden.

Ein wenig später begannen die achaischen Krieger, unruhig um sich zu blicken. Es war auf einmal so merkwürdig still geworden! Das gewaltige Kriegsgeschrei, das ihnen Mut eingeflößt hatte, war verstummt, als hätten die Männer jäh wieder alle Kampfbegier verloren.

Poseidon aber hatte schon das Ufer erreicht, holte die Rosse aus der Grotte und fuhr in düsterer Stimmung durch die graue Flut abwärts zu seinem Palast. –

Unterdessen war auch Phöbos Apollon vom Ida herab auf das Schlachtfeld gekommen. Denn Zeus hatte ihm gesagt: »Hektor ist verwundet und nicht bei Sinnen. Aber heute ist ihm der Tod noch nicht bestimmt. Ich will, dass er so lange kämpft, bis es den Troern gelingt, das erste Schiff in Brand zu stecken. Dann werden die Achaier abermals Achilleus anflehen. Den Peliden wird ein großes Leid treffen; darauf wird er in den Kampf zurückkehren und die Achaier werden siegen. Geh jetzt, erwecke Hektor und gib ihm seine Kraft zurück!«

Zwar gefiel es Phöbos Apollon keineswegs, dass Zeus den Achaiern den Sieg zusprach; doch für den Augenblick war es am wichtigsten, Hektor wieder auf die Beine zu bringen. –

Hektors Geist umgab noch immer eine seltsame Dämmerung, als Apollon sich neben ihm niederließ. Er sah die leuchtenden Augen des Gottes auf sich gerichtet und hörte seine Stimme. »Steh auf, Priamossohn! Sitze nicht kraftlos hier, sondern kehre zurück in die Schlacht!«

Hektor richtete sich mühsam auf. »Ich fürchte, ich kann nicht kämpfen«, murmelte er, »Ajax hat mich mit dem Stein so schwer getroffen, dass ich meinte, meine Seele müsste zu den Schatten fahren. Aber« – er stockte und blickte sich verwirrt um – »nun ist mir plötzlich, als sei alles gut! Ich fühle keine Schmerzen mehr und mir scheint, auch meine Stärke ist zurückgekehrt.«

Phöbos Apollon lächelte. »So komm! Ich werde dir auch weiterhin helfen! Nimm deine Waffen und besteige den Wagen! Befiehl den Rosselenkern, ihre Fackeln zu entzünden und von allen Seiten zugleich die Gespanne über Graben und Mauer zu treiben. Es muss dir endlich gelingen, Feuer an die Schiffe zu legen!«

Hektor sprang auf. »Ich weiß nicht, wer du bist, mächtiger Gott, aber ich folge dir!«

Er setzte den Helm auf, nahm zwei Lanzen und einen starken Schild von den erbeuteten Waffen, die am Flussufer aufgehäuft lagen, und lief leichtfüßig zu seinem Wagen, der nicht weit entfernt hielt.

Die Troer wagten, ihren Augen nicht zu trauen, als das Gespann, das jeder von ihnen kannte, an ihren Reihen vorüberjagte. Aber da stand Hektor, den sie schon tot glaubten, leibhaftig auf dem Wagen und der rote Helmbusch leuchtete wie Feuer!

Drüben bei den Achaiern war König Thoas der Erste, der ihn sah. »Wehe uns, was ist das für ein schreckliches Wunder?«, schrie er. »Hektor ist abermals den Todesgöttinnen entronnen! Da fährt er am Graben hin und ordnet die Gespanne! Seht, die Rosselenker entzünden schon die Fackeln, um unsere Schiffe zu verbrennen! Aber – die Troer müssen toll geworden sein! Noch immer ist der tiefe Graben da und die Pfähle und große Teile der Mauer. Weder Pferde noch Wagen kommen heil herüber!«

Allein Thoas irrte sich. Denn just in diesem Augenblick sagte Phöbos Apollon, der in einer Wolke von Dunst und Staub an Hektors

Seite hielt: »Um Wall und Graben brauchst du dich nicht zu sorgen! Ich werde sie einebnen!« Und während die Gespanne der Troer losrasten, flog der Gott mit dem silbernen Bogen die Mauer entlang; da, wo sie noch nicht zerstört war, stieß er leicht mit dem Fuß dagegen und sie zerfiel alsbald zu Schutt, der in den Graben hinabkollerte und die Pfähle mit sich riss.
So zerstören Götter in Augenblicken, was Menschenhände mit Fleiß und Mühe aufgebaut haben. –
Durch das Lager scholl Schreckensgeschrei, als die ersten Wagen klirrend und rasselnd über die Umwallung setzten und die Zeltgassen hinunterjagten.
»Zu den Schiffen! Zu den Schiffen!«, riefen die Anführer und die Herolde, die durch die Reihen der Achaier liefen.
Sie hätten nicht zu rufen brauchen; denn jeder wusste: Wenn es nicht gelang, die Schiffe zu verteidigen, würde nicht einer von ihnen heimkehren nach Achaia!
Im Handumdrehen standen sie drunten an den Kielen, hoch über ihnen ragten die dunklen Schiffswände auf, auf den Verdecken drängten sich die Bogenschützen rings um die Brüstung, die Knechte schleppten die schweren langen Speere herbei, die man in der Seeschlacht von Schiff zu Schiff schleuderte.
Ein Hagel von Pfeilen und Lanzen empfing die Troer. Rosselenker stürzten rücklings vom Wagen, brennende Fackeln fielen zwischen die Kämpfer, verwundete Pferde überschlugen sich, das Fußvolk war im Nu ineinander verkeilt und ein schreckliches Morden begann.
Immer wieder versuchte einer der troischen Krieger, mit dem Feuerbrand in der Hand an ein Schiff zu kommen; das Holz der Wände war trocken und die Fugen waren mit Harz verstrichen: So hätten die Flammen schnell Nahrung gefunden.

Aber keiner der Tapferen erreichte sein Ziel.

Von einem Dutzend Pfeilen durchbohrt oder von einer der schweren Lanzen getroffen, stürzten sie an den Kielen nieder.

Der Kampf wogte hin und her am Strande. Weder wichen die Achaier einen Fußbreit von den Schiffen, noch gelang es ihnen, die Troer zurückzudrängen.

Weder Hektor noch Aeneas noch Polydamas vermochten, die Reihen der Feinde zu durchbrechen, obgleich die besten Krieger sich um sie scharten.

Die Achaier standen wie ein Fels am grauen Meer, gegen den selbst die wildesten Wogen vergebens anstürmten.

Zähneknirschend sah Hektor, wie Ajax von Deck zu Deck sprang, eine der riesigen Schiffslanzen in der Hand. Seine Augen schienen überall zugleich zu sein. Und glaubte einer der Troer, sich mit der Fackel noch so verstohlen an den Kiel zu schleichen, so erschien gewiss im selben Augenblick Ajax droben an der Brüstung und bereitete seinem Vorhaben ein schnelles Ende. –

Zwischen den Zelten und an der Mauer war es still geworden.

Auch drunten, am äußersten Rande des Lagers, wo sich die Zelte und Schiffe der Myrmidonen befanden, herrschte Ruhe: Noch hatte sich der Kampf nicht dorthin gezogen.

Auf dem Verdeck seines schwarzen Schiffes wanderte Achilleus ruhelos auf und ab und durch seinen Kopf wanderten ruhelos immer die gleichen Gedanken; an seinem Herzen aber nagte der Gram. Sein Gesicht war davon hart und hager geworden.

Atemlos beobachtete er das Getümmel am Gestade. Er sah Hektors roten Helmbusch ganz nahe bei den Schiffen. Niemand war da, der dem schrecklichen Troer Einhalt gebieten konnte! Niemand – nur er, Achilleus! Er wusste es: Aber er tat nichts! Seine Hand krampfte sich um das Schwertgehänge, dass einer der goldenen Beschläge abbrach. Ein Laut wie ein Stöhnen kam über seine Lippen. Er, Achilleus, den die Krieger liebten, den sie ehrten wie einen Gott – er ließ sie in der ärgsten Gefahr im Stich! Aber – er konnte nicht! Er vermochte nicht, zu vergeben und nicht zu vergessen, wie tief ihn Agamemnon beleidigt hatte – und er vermochte Brisëis nicht zu vergessen! In was für einen entsetzlichen Zwiespalt hatten ihn die Götter gestürzt!

Er biss die Zähne zusammen, wenn drüben die brennenden Fackeln durch die Luft flogen und auf irgendein Deck fielen. Freilich stürzten die Krieger hastig darauf zu und schleuderten sie ins Meer oder auf die Angreifer zurück. Aber einmal würden sie um einen Augenblick zu spät kommen. Das Holz der Schiffe war in den Jahren ausgetrocknet und Harz brannte schnell . . .

Einmal, ganz plötzlich, sprang drüben Hektor vor, fort über ein paar Gefallene, die vor seinen Füßen lagen.

Dann stand er dicht vor der hohen dunklen Schiffswand, warf sich blitzschnell herum und so, den Rücken gedeckt, den Schild vor der Schulter, ließ er den Feind herankommen. Einen Augenblick hatten sie verblüfft innegehalten, jetzt stürzten sie sich abermals wie eine Meute wilder Hunde auf ihn.

Dennoch hatten sie Angst. Denn wie war es möglich, dass Hektor, den sie alle schon tot glaubten, unversehrt dort drüben stand und kämpfte wie eh und je? »Ein Gott muss an seiner Seite stehen!«, murmelte da und dort einer und wich unauffällig ein wenig zurück. Wer es aber wagte vorzuspringen, den traf wie der Blitz Hektors Schwert.

In seinem Schild steckten die Pfeile dicht nebeneinander, Lanzen bohrten sich rings um ihn in die Schiffswand, in den Boden und in die Leiber der Gefallenen, aber er selbst war noch immer unverwundet.

Allmählich entstand ein leerer Raum vor ihm, den keiner der achaischen Krieger zu betreten wagte. Nur die Toten lagen da.
Ajax und sein Bruder Teukros sahen es vom nächsten Schiffe aus. Teukros legte einen Pfeil auf die Sehne: Hektor bot ein gutes Ziel dort vor der glatten schwarzen Wand! Wenn ihn ein Pfeil von der Seite in den Hals traf, wo ihn der Schild nicht schützte ...
Allein Zeus Kronion hatte beschlossen, Hektor noch einmal zu retten.
Als Teukros den Bogen spannte, zerriss die Sehne, obgleich er sie erst am Morgen frisch geflochten eingesetzt hatte.
Zugleich erscholl laut und triumphierend Hektors Stimme über das Kampfgetöse: »Her zu mir, ihr tapferen Troer! Legt Feuer an das Schiff! Die Achaier werden euch nicht mehr hindern!«
So schien es in diesem Augenblick wirklich.

10 Jedermann im Lager hörte Hektors Ruf. Auch Patroklos, der neben Eurypylos im Zelt saß, vernahm ihn und sprang auf. Er wusste sogleich, dies bedeutete höchste Gefahr! »Vergib mir, wenn ich dich verlasse!«, sagte er hastig, während er den Knecht herbeiwinkte. »Aber ich muss zu Achilleus! Wenn er uns jetzt nicht beisteht, sind wir verloren!«

Er rannte aus dem Zelt, hinüber zu dem Schiff, auf dessen Deck er Achilleus stehen sah. Die Hände um die Brüstung gekrampft, starrte er zum Kampfplatz hinab. Verzweiflung stand in seinem Gesicht, aber er rührte sich nicht.

Da ergriff Patroklos ein jäher, fürchterlicher Zorn gegen den Freund. Er schwang sich auf das Deck, lief auf Achilleus zu und packte ihn am Arm. »Stehst du immer noch untätig da und siehst zu, wie die anderen sterben?«, schrie er. »Wahrhaftig, du musst ein Herz von Stein in der Brust tragen! Weder ist Peleus dein Vater noch Thetis deine Mutter – nein, dich haben starre Felsen und die wilde Meerflut hervorgebracht! Bei unserer Freundschaft bitte ich dich: Wenn du es nicht über dich bringen kannst, selbst den Achaiern zu Hilfe zu kommen, so erlaube es wenigstens mir und den Myrmidonen. Du könntest mir deine Rüstung leihen und dein Gespann: Vielleicht, dass dann die Troer glauben, du seist wieder in den Kampf zurückgekehrt, und im ersten Schrecken zurückweichen. So gewännen unsere erschöpften Krieger ein wenig Zeit, um Atem zu holen! Auch die Troer sind müde gekämpft und viele von ihnen verwundet; die Myrmidonen aber sind ausgeruht; gewiss gelingt es ihnen, die Feinde von den Schiffen zu verdrängen!« So flehte Patroklos inständig, ohne zu ahnen, dass er sein eigenes Verderben erflehte.

Achilleus wandte ihm langsam das Gesicht zu. Er sah so unglücklich aus, dass Patroklos seinen Zorn schwinden fühlte.

»Ich will nicht den Untergang der Achaier«, sagte er müde, »ich will nur, dass Agamemnon begreift, wie übel er daran getan hat, mich wie einen verachteten Fremdling zu behandeln, den man ungestraft beleidigen darf. Aber nun ist die Not sehr groß geworden. Du kannst ruhig sein, Patroklos! Ich werde nicht zusehen, wie unsere Schiffe in Flammen aufgehen! Du sollst meine Rüstung, meinen Wagen und meine Rosse haben und ich werde den Myrmidonen sagen, dass sie kämpfen dürfen. Aber versprich mir eines: Ihr sollt nur bei den Schiffen kämpfen und nur so lange, bis die Feinde zurückweichen! Lasst euch nicht hinreißen, sie zu verfolgen! Sind die Schiffe gerettet, so kehrt ihr hierher zurück; dann mögen Troer und Achaier einander zum Hades senden oder Frieden schließen – mich kümmert es nicht!«

Patroklos hätte in seiner namenlosen Erleichterung alles versprochen!

Sie sprangen vom Deck herab und liefen zu den Zelten der Myrmidonen. –

Unterdessen war Ajax bei seinen verzweifelten Anstrengungen todmüde geworden. Als er sich einmal umblickte, merkte er, dass er nur noch allein auf dem Schiffe war. Sein Kopf dröhnte, sooft eine Lanze den Helm traf, die linke Schulter begann, unerträglich zu schmerzen, dass er den schweren Schild kaum noch zu halten vermochte. Sein Atem keuchte und der Schweiß lief in Strömen an ihm herab. Er taumelte an die Brüstung, eine brennende Fackel flog hart an seinem Gesicht vorüber und fiel auf das Deck. Er bückte sich und schleuderte sie ins Meer. Es war das Letzte, was er noch tun konnte. Nein, vielleicht doch nicht! Drunten an der Schiffswand sah er Hektor stehen, nur ein paar Schritte entfernt. Wenn es gelänge, ihn zu töten . . .

Noch einmal nahm er alle Kraft zusammen, raffte eine Lanze auf und sprang. Über ihn hinweg flogen die Feuerbrände auf die ausgetrockneten Planken und nun war niemand mehr drüben, der sie fortschleuderte.

Und während Ajax drunten neben dem Kiel hart auf die Füße prallte, begann es auf dem Deck, da und dort leise zu knistern ...

Nur zwei Lanzenlängen entfernt, standen sie einander gegenüber, Ajax und Hektor, und nur einen Augenblick lang. Dann warf sich Ajax nach vorne und stieß zu. Aber er traf nicht: denn Hektors Schwert hatte blitzschnell den Schaft der Lanze durchhauen und die Spitze fiel klirrend irgendwo zu Boden.

Zugleich stieg aus den Reihen der Achaier ein Schreckensschrei auf: »Das Schiff brennt!«

Ein paar Atemzüge lang wurde es ganz still am Ufer, als wären die Kämpfenden jäh zu Stein erstarrt. Alle starrten sie hinauf zum Deck, auf dem schon allenthalben gelbe Flammen emporschossen, die sich mit unheimlicher Geschwindigkeit ausbreiteten.

Es war das Schiff, mit dem einst der tapfere Protesilaos nach Troja gekommen war. Er sprang als erster von den Achaiern ans Land und wurde von Aeneas erschlagen. –

Als das Schiff schon in feurige Lohe eingehüllt war, erhob sich droben auf dem Gipfel des Ida Zeus Kronion. Er hatte gesehen, wie Patroklos Achilleus um Hilfe anflehte und wie Achilleus die Myrmidonen zu den Waffen rief.

»Von nun an will ich Troer und Achaier ihrem Schicksal überlassen!«, sprach Zeus zu sich, während er zum Olympos zurückkehrte. »Das Versprechen, das ich Thetis gegeben hatte, ist erfüllt. Zwar kämpft Achilleus noch nicht selbst: aber sein Sinn hat sich schon gewandelt und sehr bald wird etwas geschehen, das ihn in den Kampf treibt! Dann wird ihm Agamemnon das Mägdlein und seine Ehre wiedergeben.« –

Noch starrten die Krieger das brennende Schiff an, als sich drunten, am äußersten Rand des Lagers, neues Getöse erhob: Gerassel von Kampfwagen, trommelnder Hufschlag, die klirrenden Schritte gewaffneter Scharen.

Die Männer hüben und drüben fuhren herum. Im nächsten Augenblick schrien sie auf, Troer und Achaier. »Die Myrmidonen kommen! Achilleus! Achilleus kehrt in den Kampf zurück!«

Sie alle, Freund und Feind, kannten den goldenen Streitwagen, der vor den Reihen der Myrmidonenkrieger heranjagte. Sie kannten die weißen Rosse und Automedon, den Lenker, der stets neben Achilleus auf dem Wagen stand. Sie sahen auch die schimmernde Rüstung, den Helm mit dem weißen Rossschweif und den Schild mit den kunstreich geschmiedeten ehernen Buckeln, den Achilleus zu tragen pflegte.

Mutlosigkeit und Entsetzen erfassten die Troer. Die Myrmidonen waren ausgeruht und sie selber müde gekämpft – wie sollten sie da noch widerstehen? Und Achilleus – oh Götter, er bedeutete den Tod für viele, viele!

Sie wandten sich zur Flucht. Wagen und Fußvolk drängten in wilder Verzweiflung durch das Lager hinauf gegen die Mauer. Pferde stürzten, Deichseln und Räder brachen, Verwundete vermochten nicht mehr über die Mauertrümmer zu klettern oder blieben im Graben liegen. Wer sich ins Freie retten konnte, floh gegen die Stadt hinauf. Aber die Myrmidonen waren schneller, schnitten ihnen den Weg ab und jagten sie zurück.

Hektor war auf seinen Wagen gesprungen. Aber die Pferde schienen plötzlich toll geworden. Sie bäumten sich wild, der Zügel riss und kein Zuruf des Lenkers vermochte die rasenden Tiere aufzuhalten. Der Wagen schleuderte hin und her, flog krachend über Wall und Graben hinweg, dann hetzten die Pferde den Hang hinauf gegen das skäische Tor.

Hinter den Fliehenden her aber stürmten wie ein Rudel hungriger Wölfe die Myrmidonen, mit ihnen die anderen achaischen Krieger, die sehr schnell wieder Mut gefasst hatten.

Zwar erkannten die Achaier Patroklos bald. Aber es schien, als sei mit der Rüstung seines Freundes auch dessen Kraft und Gewandtheit auf ihn übergegangen. Mit Staunen sahen die Gefährten, wie er unter den Feinden wütete. Wer sich von den troischen Kriegern zum Kampfe stellte, sank alsbald von seiner Lanze oder seinem Schwerte zu Tode getroffen nieder. Vielleicht erkannte mancher von ihnen erst im letzten Augenblick, dass es nicht Achilleus war, der ihn erschlug.

Über Patroklos aber war es wie ein schrecklicher Rausch gekommen.

Die wilde Flucht der Troer, die windschnellen Pferde, dieses Schwert, das Achilleus niemandem außer ihm je geliehen hatte, die Bewunderung der Krieger, die hinter ihm herstürmten, genau wie sie hinter Achilleus hergestürmt waren – dies alles schien ihm so herrlich wie sonst nichts in seinem jungen Leben. Vielleicht, oh, vielleicht würden ihm die Götter vergönnen, die Achaier vor dem Untergang zu retten, und das würde ihm zum ewigen Ruhme sein!

Einmal blickte er zurück zu den Schiffen. Das Feuer war jetzt erloschen, verkohlte Balken starrten gegen den Himmel. Es war aber den Troern nicht gelungen, ein einziges der anderen Schiffe in Brand zu stecken! Und das verdankten die Achaier ihm! Hätte er nicht Achilleus angefleht und wäre er nicht mit den Myrmidonen zur rechten Zeit gekommen, so mochte wohl anstelle der Zelte und der Schiffe jetzt ein Flammenmeer lodern!

Während er dies dachte, riss Automedon plötzlich die Pferde zurück, dass beide fast kopfüber vom Wagen gestürzt wären.
Ein Gespann raste vorüber, die Pferde schienen toll geworden, die Zügel schleiften neben ihnen am Boden. Die beiden Männer auf dem schleudernden Wagen vermochten sich kaum auf den Beinen zu halten.
Im selben Augenblick sah Patroklos den feuerroten Helmbusch. Da vergaß er alle Vorsicht. Er vergaß, dass Achilleus ihm verboten hatte, die Troer zu verfolgen, und dass er sich nicht von den Schiffen entfernen sollte.
»Das ist Hektor!«, schrie er. »Schnell, Automedon! Wir müssen ihn einholen!«
Aber sie holten ihn nicht ein. Denn in diesem Augenblick jagte ihnen ein anderer Kampfwagen entgegen und versperrte ihnen den Weg.
Als Patroklos Sarpedon und Glaukos erkannte, sprang er ab, die Lanze in der Rechten. Sarpedon folgte ihm sogleich: Sarpedon in seiner glänzenden Rüstung, schön und stark, wie Göttersöhne sind.
»Wenn du tot vor mir liegst, werde ich endlich wissen, wer so viele meiner Krieger getötet hat!«, rief er zornig. »Bist du Achilleus oder wer sonst?«
Seine Lanze flog auf Patroklos zu, aber sie traf ihn nicht: Über seine Schulter hinweg fuhr sie hinter ihm in die Erde.

Im Palast der Götter auf dem Olympos war Zeus Kronion aufgefahren, als drunten Sarpedon und Patroklos einander begegneten. »Ich weiß, dass ich meinen Sohn nicht vor seinem Schicksal zu bewahren vermag«, sprach er voll Kummer. »Ihm ist bestimmt, von Patroklos erschlagen zu werden. Aber ich könnte ihn diesmal noch retten und sein Leben um eine Weile verlängern . . .«

»Du wärest ungerecht«, sagte aber Hera, »unzählige Sterbliche, unter ihnen viele Söhne der Götter, kämpfen und fallen da drunten und niemand gewährt ihnen eine Frist auch nur für einen Tag!«

Zeus wusste, dass sie recht hatte. So verhüllte er schweigend sein Haupt. –

Sarpedon stürzte nieder wie ein gefällter Baum, als ihn die Lanze mitten in die Brust traf.

Glaukos sah es voll Schmerz; aber er vermochte dem Freund nicht zu helfen; die Pfeilwunde an seinem Arm blutete noch immer und zuweilen wurde ihm so schwarz vor den Augen, dass er nur mit Mühe die Rosse halten konnte.

Als er sah, wie die Achaier dem Toten die kostbare Rüstung von den Schultern rissen, warf er sein Gespann herum und trieb es zur Stadt hinauf.

Unter dem skäischen Tor waren endlich Hektors Rosse zum Stehen gekommen. Schaum stand ihnen vor dem Maul und ihr Fell war dunkelfleckig vom Schweiß.

Hektor blickte sich um. Er sah, dass es übel um die Troer stand. Sollte er sie um die Mauern sammeln oder sie wieder in den Kampf führen?

Während er überlegte, gewahrte er zwei Streitwagen, die den Hang heraufjagten, der eine von links, der andere von rechts. Bald erkannte er Glaukos und erschrak. Wo war Sarpedon?

Und der andere Wagen – oh, er kannte ihn nur allzu gut! Den Wagen, die Pferde und Automedon, den Lenker. Er kannte auch den Helm mit dem weißen Rossschweif und die silberne Rüstung – aber er wusste noch immer nicht, wer der Mann war, der sie trug. Ein seltsames Gefühl sagte ihm, dass es nicht Achilleus war, obgleich er ebenso gewaltig kämpfte wie der Pelide.

Jetzt rief ihn Glaukos an. »Sarpedon ist tot und sie haben ihm die Rüstung geraubt! Du musst ihn rächen – ich vermag es nicht!«
Hektor schrie vor Schmerz und Zorn auf: Sarpedon war einer seiner besten Bundesgenossen und ein treuer Gefährte gewesen. Er lief hinüber zu seinem Wagen. Kebriones, sein Rosselenker, hatte unterdessen die erschrockenen Pferde beruhigt.
Plötzlich fühlte Hektor, dass jemand hinter ihn trat. Eine Hand legte sich mit hartem Griff um seine Schulter. »Führe die Männer zurück in den Kampf!«, sagte eine befehlende Stimme an seinem Ohr. »Du selbst aber kümmere dich nicht um die anderen Achaier, sondern kämpfe mit Patroklos!«
Hektor fuhr herum: aber da war niemand. Phöbos Apollon!, dachte er, während er auf den Wagen zusprang. Nun weiß ich endlich, dass es Patroklos ist, der so unter meinen Kriegern wütet!
Phöbos Apollon aber stand in diesem Augenblick schon neben Patroklos auf dem Wagen.
Er schlug nur leicht mit der Hand gegen seinen Schild, aber Patroklos taumelte von dem Schlag. »Du unseliger Tor!«, vernahm er zugleich die Stimme des Gottes. »Dir ist es nicht bestimmt, die Straßen von Troja zu betreten – dir nicht und Achilleus nicht! Hat dich Achilleus nicht gewarnt, die Troer zu verfolgen?«
Da dachte Patroklos mit Schrecken an sein Versprechen. Oh, wie würde Achilleus ihm zürnen!
»Wir wollen schnell die Myrmidonen sammeln, Automedon!«, sagte er heiser. »Wir müssen zurück zu den Schiffen!«
Doch sie konnten nicht mehr zurück. Als Automedon die Rosse herumriss, raste Hektors Wagen von der Seite heran und hielt mit einem Ruck quer vor ihnen.
Mit einem Sprung stand Patroklos auf der Erde. Das war der letzte Kampf, auf den er so lange gewartet hatte. Die Lanze in der Lin-

ken, raffte er mit der Rechten einen großen, scharfkantigen Stein auf und schleuderte ihn.

Der Stein traf Kebriones, den Rosselenker, an der Stirn. Er stürzte vom Wagen. Im nächsten Augenblick stand Hektor drunten neben ihm, während Troer und Achaier von allen Seiten herbeistürmten. Ein wilder Kampf um die Rüstung des Toten entspann sich. Zuletzt siegten die Achaier. Dann lag Kebriones da, in seinem wollenen Leibrock lang ausgestreckt. Ihn kümmerte kein Kampf mehr.

Patroklos und Hektor gingen langsam aufeinander zu, jeder achtete genau auf den anderen.

»Du bist es also?«, sagte Hektor. »Wolltest du mich besiegen und meine Stadt zerstören, da Achilleus nicht kämpfen mag? Du Narr! Dich werden vor unseren Mauern die Geier fressen!«

Patroklos antwortete nicht. Sein Arm mit der Lanze fuhr blitzschnell in die Höhe.

Aber Phöbos Apollon war schneller. Er stand hinter ihm und schlug ihm mit der Hand auf den Rücken.

Da kam es über Patroklos wie eine jähe Lähmung. Schwindel fasste ihn; es war, als stehe das Blut in seinen Adern mit einem Mal still, und er vermochte, kein Glied mehr zu regen.

In diesem schrecklichen Augenblick sprang Euphorbos, ein junger Dardanerfürst, herzu und stieß ihm von der Seite den Speer zwischen die Schultern.

Patroklos wankte und wollte zurückweichen zwischen seine Krieger. Aber es gelang ihm nicht mehr: Hektors Lanze, mit furchtbarer Kraft geschleudert, traf ihn in die Brust. Langsam sank er zu Boden.

Hektor stand da und sah auf den Gestürzten hinab. Da versuchte Patroklos noch einmal, sich aufzurichten. »Nun magst du frohlo-

cken, Hektor«, sagte er mühsam. »Aber nicht du hast mich getötet, sondern Phöbos Apollon. Auch Euphorbos hätte mir das Leben geraubt. Du bist nur der Dritte. Dennoch wirst du meine Rüstung nehmen, ich weiß es wohl. Aber du wirst sie nicht lange tragen: denn auch hinter dir steht schon das dunkle Verhängnis. Achilleus wird furchtbare Rache nehmen für meinen Tod.«
Dann streckte er sich aus und war still.
Hektor beugte sich zögernd zu ihm hinab. Sein Gesicht hatte einen seltsam gespannten Ausdruck. »Was hast du gesagt?«, fragte er leise. »Und woher willst du es wissen? Es könnte doch sein, dass meine Hand Achilleus zu den Schatten sendet?«
Begierig wartete er auf Antwort. Aber Tote reden nicht mehr. –
Zur selben Zeit kehrte Menelaos ohne Rücksicht auf seine Wunde in den Kampf zurück. Noch ziemlich weit entfernt jagte sein Wagen über das Feld.
Entsetzt musste er mit ansehen, was geschah. »Schnell«, rief er seinem Rosselenker zu, »wir müssen versuchen, Patroklos zu retten!«
Die Geißel trieb die Pferde erbarmungslos an; aber sie kamen dennoch zu spät.
Menelaos stöhnte vor ohnmächtigem Grimm. Er konnte jetzt Patroklos nicht mehr sehen. Rings um den Toten war ein wildes Getümmel im Gange. Menelaos wusste, Troer und Myrmidonen kämpften nun um die kostbare Rüstung, die Patroklos trug und die in Wahrheit Achilleus gehörte. Oh Götter, was würde der Pelide in seinem Schmerz tun, wenn er erfuhr, dass sein geliebter Gefährte tot war?
Menelaos ließ den Wagen halten. Im Abspringen riss er das Schwert heraus und begann, sich mit wütenden Hieben Platz zu schaffen.

Und dann stand er ganz plötzlich vor Patroklos: Er lag auf der Erde in seiner silbernen Rüstung, der Helm mit dem weißen Rossschweif war ihm vom Kopf geglitten. Zur Linken kämpfte Hektor inmitten einer Schar wütender Myrmidonen, die versuchten, ihn von ihrem toten Führer fortzudrängen. Aber von allen Seiten rannten die troischen Krieger herbei. Wie lange würde das Häuflein der Myrmidonen der vielfachen Übermacht widerstehen können?

Menelaos blickte sich hastig um. Er musste Hilfe herbeirufen! Dort drüben war Ajax Telamonssohn; seine gewaltige Gestalt ragte weit aus den Kämpfenden hervor.

Die anderen Fürsten konnte er nicht sehen: denn die Schlacht hatte sich weit auseinandergezogen. Aber vielleicht würden sie seine Stimme hören!

Er sprang auf einen kleinen Hügel, der sich ein paar Schritte entfernt erhob, und begann, laut zu rufen: »Ajax und ihr anderen Fürsten der Achaier! Hierher zu mir! Patroklos ist gefallen! Hektor wird ihm die Rüstung nehmen und ihn vor die Stadtmauer schleifen, den troischen Hunden zum Fraß! Achilleus würde es uns nie vergeben!«

Ajax hörte ihn sogleich. Im nächsten Augenblick war der riesige Krieger auf einen Wagen gesprungen und jagte mit Windeseile heran. Dennoch kam auch er zu spät.

Menelaos fuhr herum, als hinter ihm wildes Triumphgeschrei erscholl. Zähneknirschend sah er, wie Hektor den Helm mit dem weißen Rossschweif hoch über seinen Kopf schwang, während seine Krieger dem Toten blitzschnell die Rüstung vom Leibe rissen. Die Myrmidonen vermochten es nicht mehr zu hindern: denn von ihnen standen nur noch wenige aufrecht.

Die Troer warfen die Rüstung auf einen Wagen, der alsbald mit der kostbaren Beute zur Stadt hinauf davonraste.

Hektor aber wandte sich zurück zu Patroklos, der jetzt in seinem wollenen Leibrock dalag und so arm und hilflos aussah, dass Menelaos die Tränen in die Augen traten. Ja, nun erwartete ihn das grausame Schicksal des Besiegten: an den Wagen des Siegers gebunden, um die Mauern geschleift zu werden!
Aber das durfte nicht sein!
Ajax war mit einem gewaltigen Satz vom Wagen gesprungen, dicht neben den Toten hin, den siebenschichtigen Schild vor der Schulter, den weder Lanze noch Pfeil noch Schwert durchdrang.
An die andere Seite trat Menelaos, entschlossen, eher zu sterben, als Patrokolos, der seinetwegen gefallen war, den Feinden preiszugeben.
Da zögerte selbst Hektor. Und plötzlich, als sei ihm eben ein besonderer Gedanke gekommen, wandte er sich ab, bestieg seinen Wagen und fuhr ebenfalls zur Stadt hinauf.
Am skäischen Tor holte er den anderen Wagen ein. –
Unter den Achaiern hatte sich indessen wie ein Lauffeuer die Nachricht verbreitet, dass Patroklos gefallen war. Idomeneus eilte herbei, zugleich von der anderen Seite Meriones und Ajax, der Lokrer.
Den troischen Kriegern aber hatte Hektor gesagt: »Schafft mir Patroklos herbei und ihr sollt reichere Beute erhalten als je zuvor!«
So stürmten sie immer wieder scharenweise heran, obgleich viele von ihnen es mit dem Leben bezahlten.
Aber mit einem Mal entstand eine seltsame Stille. Schon zum Wurf erhobene Lanzen sanken herab, hoch geschwungene Schwerter starrten in die Luft, als habe jemand mitten in der Bewegung vergessen, sie niedersausen zu lassen. Die Kampfrufe waren jäh verstummt und langsam, wie von einer unwiderstehlichen

Macht angezogen, wandten sich hüben und drüben die Gesichter hinauf zur Stadt.

Vom skäischen Tor herab kam Hektors Streitwagen. Hektor stand neben dem Lenker: Er trug den Helm mit dem weißen Rossschweif, den Schild mit den ehernen Buckeln und die silberne Rüstung, die eine kleine Weile zuvor noch Patroklos getragen hatte.

Einen Augenblick standen die achaischen Krieger wie zu Stein erstarrt. Dann brach ein entsetzliches Wutgebrüll los. Der Anführer der Feinde in der Rüstung, die ihrem Abgott Achilleus gehörte! Sie fühlten sich verhöhnt und gedemütigt!

Wie wilde Tiere warfen sie sich von Neuem auf die Troer und abermals begann ein erbitterter Kampf um den Toten. Niemand wollte einen Fußbreit zurückweichen. Einmal rief Ajax Telamonssohn Menelaos an. »Wir kämpfen hier schon so lange um Patroklos! Achilleus aber weiß noch nicht einmal, dass sein Freund tot ist. Er muss es erfahren! Versuche, Antilochos zu finden, wenn er noch am Leben ist, und sende ihn mit der Botschaft hinab zu den Schiffen!«

Menelaos begab sich sogleich auf die Suche und nach einer Weile entdeckte er Nestors Sohn ein wenig entfernt im Getümmel und schlug sich zu ihm durch. Antilochos erschrak, als er erfuhr, was geschehen war: In der Hitze seiner eigenen Kämpfe war ihm keine Zeit geblieben, sich nach den Gefährten umzusehen. »Bei den Göttern, ich wünschte, ihr hättet nicht gerade mich ausersehen, Achilleus die Botschaft zu bringen. Dennoch will ich es tun!«, sagte er, rannte einen Mann, der ihm entgegentrat, einfach nieder und sprang im nächsten Augenblick wie ein Hirsch den Hang hinab.

Er war jung und stark, so erreichte er schnell das Lager und lief zwischen den Zelten durch, dorthin, wo die Schiffe der Myrmidonen lagen.

Er hatte ein sehr ungutes Gefühl.

Achilleus stand noch immer auf dem Deck seines schwarzen Schiffes; es sah aus, als hätte er sich seit wer weiß wie langer Zeit nicht von der Stelle gerührt.

Er starrte zur Stadt hinauf. Aber, er konnte nichts deutlich erkennen, weil über dem Schlachtfeld und um die Mauern eine dichte Staubwolke lag.

Ja, er stand schon sehr lange da. Nur einmal war er fortgegangen, hatte aus einer Truhe in seinem Zelt den schweren silbernen Becher geholt, aus dem nur er selbst trank und aus dem er keinem der Götter Trankopfer spendete als allein Zeus Kronion.

Das hatte er auch diesmal getan und er hatte so inständig gebetet wie selten in seinem Leben: »Vater der Götter und Menschen, lass Patroklos glücklich zurückkehren!«

Seitdem wartete er.

Der Kampf bei den Schiffen war längst zu Ende, die Wachen der Achaier standen überall am Ufer.

Warum kam Patroklos nicht?

Achilleus wollte nicht wahrhaben, was er doch in Wirklichkeit längst wusste: Sein Gefährte hatte der Versuchung nicht widerstehen können, die fliehenden Feinde zu verfolgen, obgleich er es ihm verboten hatte.

Und nun?

Plötzlich sah er Antilochos. Er zuckte zusammen und eine jähe Ahnung von Unheil überfiel ihn.

Hastig sprang er über die Brücke hinab. Mit ein paar Schritten stand er vor Antilochos.

Er fragte nicht einmal. Als er in das verstörte Gesicht des jungen Kriegers blickte, wusste er, was geschehen war.

Antilochos nahm seinen ganzen Mut zusammen.

»Vergib mir, dass ich dir eine so schlimme Botschaft bringen muss, edler Achilleus«, sagte er traurig. »Patroklos ist gefallen und Hektor hat ihm deine Rüstung geraubt. Menelaos, Meriones und die beiden Ajax verteidigen seinen Leichnam. Aber ich weiß nicht, ob sie ihn in Sicherheit zu bringen vermögen. Hektor und die Troer kämpfen um ihn wie die Wölfe.« Er warf einen Blick zurück gegen die Stadt. »Siehst du? Das Getümmel wälzt sich schon den Hang herab!«, fügte er bedrückt hinzu.

Doch Achilleus hörte ihn nicht. Ein Stöhnen kam aus seiner Brust, dann warf er sich zu Boden und vergrub den Kopf in den Armen. Erschrocken kniete Antilochos neben ihm nieder. »Edler Achilleus, ich bitte dich . . .«, sagte er hilflos.

Nach einer Weile hob Achilleus das Gesicht: Er sah so gramvoll aus, dass Antilochos die Tränen in die Augen schossen. Sein helles Haar war zerrauft und mit Staub und Ruß bedeckt, sein Gewand beschmutzt.

Als er zu sprechen begann, war es, als rede er zu sich selbst. »Ich habe ihn in den Kampf geschickt, weil ich nicht selber kämpfen wollte. Nun ist er tot. Ich hätte wissen müssen, dass er nicht zurückkehren würde: denn meine Mutter weissagte mir einst, der beste der Myrmidonen würde noch vor mir sterben! Was hilft es jetzt, dass ich ihm verbot, sich von den Schiffen zu entfernen und die Feinde zu verfolgen? Ich wollte, ich wäre tot wie er: Dann müsste seine Seele nicht einsam in das Reich der Schatten hinabsteigen. Wehe mir, ich habe meinen treuesten Gefährten verloren! Einen besseren Freund als ihn gab es niemals auf Erden!«

So redete er und seine Stimme war rau vor Schmerz.

Drunten in der Tiefe des Meeres vernahm die Nymphe Thetis die Klagen ihres Sohnes.
Sie stieg herauf, betrat zwischen den Schiffen der Myrmidonen den Strand und setzte sich an seine Seite. »Warum grämst du dich so sehr, mein Kind?«, fragte sie mitleidig, obgleich sie wohl wusste, was geschehen war. »Hat dir nicht Zeus Kronion deine Wünsche erfüllt? Haben dich nicht die Achaier flehentlich gebeten, ihnen in ihrer Not beizustehen? Hat dir nicht Agamemnon reiche Buße angeboten für die Beleidigung, die er dir zufügte? Auch das Mägdlein, das du liebst, will er dir ja unversehrt zurückgeben!«
»Es ist alles wahr, was du sagst, Mutter«, antwortete Achilleus verzweifelt. »Aber was nützt mir das jetzt noch? Patroklos ist tot und Hektor prahlt in meiner Rüstung, die einst die Götter selbst meinem Vater zum Geschenk gemacht haben! Ich habe nur noch einen Wunsch, Mutter: Patroklos zu rächen und Hektor zu töten!«
Thetis schlang die Arme um seinen Hals, Tränen liefen ihr über die Wangen: »Oh, mein Sohn, du weißt, dass es dir bestimmt ist, sogleich nach Hektors Tod selber zu den Schatten hinabzusteigen!«
»Mag es sein!«, fuhr er auf und sie sah mit Schrecken in seinen Augen wieder den furchtbaren Zorn lodern, der stets Unheil brachte. »Ich habe Patroklos nicht retten können, weil ich untätig bei den Schiffen saß und ihn allein in die Schlacht gehen ließ. Aber er soll nicht allein im Dunkel des Tartaros umherirren, das schwöre ich dir! Hektor wird ihm folgen und danach mag auch mich das Los des Todes treffen! Lass mich gehen, Mutter!«
Aber Thetis hielt ihn zurück. »Versprich mir, dich nicht sogleich in den Kampf zu stürzen!«, sagte sie eindringlich. »Vergiss nicht, deine Rüstung hat Hektor und du wirst keine andere finden: denn du bist größer und breiter in den Schultern als die übrigen Achaier.

Warte bis morgen früh, ich werde Hephaistos aufsuchen und ihn bitten, heute Nacht noch neue Waffen für dich zu schmieden!«
Im nächsten Augenblick war sie verschwunden. Zugleich aber flog schnell wie ein Falke Iris, die Götterbotin, vom Olympos herab und ließ sich neben Achilleus nieder. Er fühlte plötzlich, wie sich eine Hand auf seine Schulter legte – eine seltsam leichte Hand: aber ihr Druck war wie ein stummer Befehl. »Steh auf, Achilleus! Mich sendet Hera, Zeus Kronion weiß nichts davon«, sagte Iris an seinem Ohr. »Siehst du nicht, wie Hektor und die Troer die Achaier hart bedrängen, um deinen toten Freund in ihre Gewalt zu bringen? Schon kämpfen sie draußen am Graben! Noch verteidigen Ajax Telamonssohn, Idomeneus und Ajax, der Lokrer, mit den Myrmidonen den Toten. Aber ihre Kraft reicht nicht mehr lange! Willst du, dass Hektor deinen Gefährten um die Mauern von Troja schleift?«
Da sprang Achilleus auf. »Eher kämpfe ich mit meinen bloßen Händen!«, knirschte er. »Du weißt, dass ich keine Rüstung habe!«
»Pallas Athene steht dir bei!«, flüsterte Iris und verließ ihn. Achilleus hatte sie schon vergessen. Er lief an den Zelten entlang gegen die Mauer. Nein, Patroklos durfte nie und nimmer den Troern in die Hände fallen! Das war sein einziger Gedanke.
Er merkte nicht, wie ein greller Blitz über den blauen Himmel fuhr. Er sah die Göttin nicht, die jetzt, Zeus Kronions schrecklichen Schild vor der Schulter, neben ihm herglitt.
Dort vorne war die Mauer. Er raste darauf zu: denn draußen am Graben war ein wilder Kampf im Gange.
Er erkannte Menelaos und Meriones, die Patroklos trugen, und die Myrmidonen, die sich rings um sie scharten. Aber es waren ihrer nicht mehr viele.
Zwar hielten die beiden Ajax und Idomeneus noch die wild nach-

drängenden Troer zurück, doch sie schienen am Ende ihrer Kraft zu sein.

In dem Augenblick, als Achilleus mit einem letzten gewaltigen Satz auf die Mauer sprang, erblickte er draußen, gerade gegenüber, Hektor, der Patroklos getötet hatte und seine Rüstung trug! Und im selben Augenblick sah er noch etwas: Meriones, der Patroklos an den Füßen hielt, strauchelte plötzlich am Rande des Grabens! Der Tote entglitt ihm. Da sprang Hektor blitzschnell vor und beugte sich hinab ...

Achilleus brüllte so schrecklich auf, dass die Troer vor Entsetzen wie angewurzelt stehen blieben und selbst Hektor, der schon die Hand nach Patroklos ausgestreckt hatte, erschrocken zurückprallte.

Dreimal erscholl der furchtbare Schrei von der Mauer, auf der Achilleus stand, ungerüstet, waffenlos, aber die Augen lodernd vor Zorn, schön und schrecklich wie ein zürnender Gott. Pallas Athene hielt ihren Schild über ihn und es schien den entsetzten Troern, als züngelten Flammen um sein Haupt.

Sie dachten nicht daran, ihre Lanzen auf ihn zu schleudern. Voll Schrecken und Bewunderung zugleich starrten sie zu ihm hinauf. Wer außer Achilleus würde es wagen, so dazustehen auf der Mauer, ungeschützt und dennoch ganz ohne Furcht? »Wehe uns«, sagten sie zueinander und warfen scheue Blicke auf Hektor, der die Rüstung trug, die Achilleus gehörte – »wehe uns, wenn der Pelide zu kämpfen beginnt! Seht ihn doch an – Feuer lodert um ihn wie um einen der Unsterblichen! Sein Zorn wird uns vernichten!«

In ihrer Verwirrung vergaßen sie Patroklos und die Achaier. Selbst Hektor war so verblüfft, dass er ein paar Augenblicke nicht auf sie achtete.

Und so gelang es Meriones und Menelaos, den Toten über den

Graben und durch eine Lücke der Mauer zu tragen und ihn in Sicherheit zu bringen.

Hinter ihnen sprangen sogleich Ajax und die anderen Achaier in die Bresche und versperrten den Troern den Weg. Da senkte Hektor voll zorniger Enttäuschung das Schwert: Wenn es den Göttern gefiel, ihm den Besiegten zu entreißen, so blieb ihm nichts übrig, als sich zu fügen!

Er blickte noch einmal zur Mauer hinauf, aber Achilleus war schon jenseits hinabgesprungen. Als er sich umwandte, stand Polydamas vor ihm. Er sah müde aus und schien sehr besorgt. »Willst du einen Rat von mir annehmen, Hektor?«, sagte er. »Blicke dich um! Wieder sind viele von den Unsrigen gefallen und die anderen sind müde gekämpft oder verwundet. Auch ist die Nacht nicht mehr fern. Und morgen werden wir gegen Achilleus kämpfen müssen. Du weißt, was das bedeutet. Darum rate ich dir: Wir wollen uns in die Stadt zurückziehen und im Schutz der Mauern ruhig schlafen. Ich wette, dass im Morgengrauen Achilleus mit seinem Gespann vor dem skäischen Tor hält. Wir aber werden dann auf den Türmen stehen und unsere Pfeile und Lanzen werden ihn vertreiben oder ihn töten. Folge meinem Rat, Hektor! So wird Achilleus keinen Fuß in die Straßen von Troja setzen: Eher werden ihn vor den Mauern die Geier fressen!«

Hektor sah ihn zornig an. »Das ist ein Rat für Feiglinge und ich denke nicht daran, ihm zu folgen! Ich werde morgen gegen Achilleus kämpfen, und wenn dieser Kampf vorüber ist, wird einer von uns beiden tot sein: Dem anderen wird unendlicher Ruhm zuteil!«

Da wandte sich Polydamas traurig ab, während die troischen Führer Hektor Beifall riefen.

»Lasst die Krieger sich hier im freien Feld lagern und stellt Wachen auf!«, befahl Hektor. »Alle sollen ein reichliches Mahl erhalten, damit sie nach diesem harten Tag wieder zu Kräften kommen. Danach mögen sie schlafen, bis die Sonne aufgeht. Ehe sie wieder hinabsinkt, hat sich vielleicht Trojas Schicksal entschieden – gewiss aber das meinige!«, fügte er ernst hinzu. –

Vom Lager der Achaier herüber tönten in dieser Nacht viele Stunden lang die Totenklagen.

Die Myrmidonen hielten Wache an der Bahre, auf die man Patroklos gebettet hatte.

Achilleus stand neben dem toten Freund, die Hände auf seine Brust gelegt.

Zuweilen begann er, mit dem Toten zu reden, als lebe er noch.

»Wir werden nun beide nicht heimkehren, Patroklos, du nicht und ich nicht. Dieselbe fremde Erde wird uns bedecken. Aber ehe ich dir in das Reich der Schatten folge, habe ich noch meine Rache für dich zu vollbringen. Ich werde Hektor töten. Aber das ist nicht genug. Ehe ich dich dem Feuer übergebe, sollen zwölf der edelsten Troer zu deinen Füßen sterben. Bis dahin magst du hier bei den Schiffen ruhen.«

Spät in der Nacht befahl er, einen mächtigen ehernen Dreifuß über das Feuer zu stellen und den Kessel mit Wasser zu füllen.

Sie wuschen dem Toten sorgsam Staub und Blut ab, salbten ihn mit Balsam und gossen kostbares altes Öl in seine Wunden. Dann umwanden sie den Leichnam mit weißem Linnen und deckten ihn mit einem Teppich zu.

11 Thetis eilte durch die Häuser der Götter auf dem Olympos und suchte Hephaistos.

Sie fand ihn in seinem ehernen Palast, den er sich mit großer Kunst erbaut hatte.

Just war er damit beschäftigt, zwanzig Dreifüße zu schmieden. Sie waren schon fast vollendet, nur die Henkel musste er noch daran befestigen.

Hephaistos hatte mit diesen Dreifüßen ein Zauberwerk geschaffen. Sie trugen goldene Rollen an den Füßen, damit liefen sie da- oder dorthin, wenn er es befahl, und kehrten auf seinen Wink wieder zurück. Er verstand vielerlei seltsame Künste, der hinkende Gott!

Charis, seine Gemahlin, hatte Thetis gesehen und trat aus dem Hause, um sie zu begrüßen. Sie führte die Nymphe in den Saal, ging zur Schmiede und rief Hephaistos herbei.

Er legte das Werkzeug, mit dem er am Amboss gearbeitet hatte, beiseite, schob sich vom Sitz herab und hinkte mühsam auf seinen verkümmerten Beinen zum Wassertrog. Mit einem Schwamm wusch er sich den Ruß vom Gesicht, von den Armen, vom Hals und von der zottigen Brust. Dann legte er den Leibrock an und winkte den beiden Dienerinnen, die an der Tür standen.

Das waren freilich recht wunderliche Dienerinnen. Er hatte sie selbst aus Gold gebildet und sie sahen aus wie lebende Mädchen. Sie konnten sich auch bewegen und taten, was man ihnen gebot. So fassten sie ihn auch jetzt unter den gewaltigen Armen und stützten ihn, während er durch den Saal humpelte.

»Was führt dich zu uns, Thetis?«, fragte er, nachdem er sich schnaufend auf seinem silbernen Sitz niedergelassen hatte. »Mir scheint, du siehst bekümmert aus! Wenn ich dir helfen kann, so will ich es gerne tun!«

»Ach, Hephaistos, keine von den Unsterblichen kann so unglücklich sein wie ich!«, sagte sie traurig. »Ich bitte dich, höre mich an: denn ich brauche deine Hilfe sehr nötig!«

Hastig erzählte sie, was geschehen war. »Und nun hat Achilleus geschworen, Patroklos zu rächen und Hektor zu töten! Aber wie soll er kämpfen, da er keine Rüstung hat!«, schloss sie und blickte Hephaistos bittend an.

Der hinkende Gott des Feuers und der Schmiede war im Grunde seines Wesens gutmütig. »Und nun möchtest du, dass ich ihm neue Waffen schmiede!«, sagte er. »Die sollst du haben. Und ich wollte, ich könnte deinen Sohn damit vor dem Tode bewahren. Aber du weißt, dass das nicht in meiner Macht steht. So will ich mich gleich an die Arbeit machen, damit bis zum Morgen alles fertig ist.«

Die goldenen Mägde kamen wieder lautlos herbei und halfen ihm aus dem Saale.

In der Schmiede begann er sogleich eine emsige Tätigkeit.

An der Wand standen zwanzig kunstvoll gearbeitete Blasebälge. Er rührte sie nur leise mit seiner gewaltigen Hand an und sie glitten sogleich wie von selbst an die Esse, stellten sich rings um das Feuer, jeder genau an den richtigen Platz, und begannen mit Macht, in die Glut zu blasen, bis die Flammen rings um die steinernen Schmelztiegel aufloderten. Hephaistos warf in jeden Tiegel ein anderes Erz: Kupfer, Zinn, Silber und Gold.

Während in der gewaltigen Hitze das Erz zu glühen begann, formte er den riesigen fünfschichtigen Schild, schob den Amboss auf dem Block zurecht und legte Hammer und Zange bereit.

Er schmiedete einen dreifachen ehernen Ring um den Rand des Schildes und schmückte die ganze Rundung mit vielerlei Bildern aus Gold und Silber.

Da waren Sonne und Mond, auch die Sterne genau in der Ordnung, in der sie nachts am Himmel standen. Zwei Städte, klein und zierlich nachgebildet: In der einen wurde just ein Hochzeitsfest gefeiert, um die andere tobte Krieg. Aussaat, Ernte auf den Äckern und fröhliche Weinlese waren dargestellt, auch eine Rinderherde, in die zwei Löwen einbrachen, von Hirten und Hunden verfolgt. Auf einem Marktplatz wurde gerade Gericht gehalten; ein anderes Bild zeigte Jünglinge und Mädchen beim Reigentanz, in ihrer Mitte stand der Sänger und rührte die Saiten der Leier.

So bildete der hinkende Gott das ganze Leben der Menschen auf dem Schilde.

Als er ihn vollendet hatte, machte er sich unverweilt daran, die anderen Waffen zu schmieden: den Harnisch aus Silber und Gold, dem er einen solchen Glanz verlieh, als zuckten bei jeder Bewegung überall kleine Flämmchen daraus hervor.

Die Beinschienen formte er aus geschmeidigem Zinn und den Helm schmückte er mit einem dichten Busch fein gesponnener Goldfäden, wie ein wehender Rossschweif anzusehen.

Über der Erde dämmerte der Morgen, als er endlich auch das gewaltige Schwert zufrieden aus der Hand legte. »Kein anderer Sterblicher als Achilleus wäre in der Lage, es zu führen, und die Rüstung wird ihm passen wie angegossen«, sagte er, als er Thetis die fertigen Waffen brachte.

Die Nymphe betrachtete die kunstreichen Gebilde voll Bewunderung, dankte ihm und nahm Abschied.

Eiligen Fluges begab sie sich hinab zum Lager der Achaier. Sie fand Achilleus vor seinem Zelt, wo er an der Bahre seines Freundes die Nacht durchwacht hatte.

Abermals traten ihr die Tränen in die Augen, als sie in sein kummervolles Gesicht blickte. Schweigend legte sie die kostbare Rüstung neben ihn auf den Boden. Das Klirren schreckte ihn aus seinen Gedanken auf.

»Du bist es, Mutter?«, sagte er müde. Aber als sein Blick auf die Waffen fiel, war es plötzlich, als erwache er. Mit einem tiefen Atemzug richtete er sich auf.

Seine Augen begannen zu leuchten und ein wenig Farbe kehrte in sein bleiches Gesicht zurück.

Thetis ergriff seine Hand. »Einmal müssen wir bei aller Trauer die Toten ruhen lassen«, sprach sie ernst. »Was hilft es, sich gegen das Schicksal aufzulehnen? Komm, rüste dich mit den Waffen, die Hephaistos für dich geschmiedet hat! Dann rufe die Achaier zusammen und versöhne dich mit Agamemnon! Er wird dir Brisëis zurückgeben und die Beleidigung mit königlichen Geschenken sühnen!«

»Ja, Mutter!«, antwortete Achilleus achtlos, als wäre dies alles nicht mehr wichtig für ihn. »Dann werde ich mit Hektor kämpfen und ihn töten!«, fuhr er fort. Und plötzlich stockte er und wandte das Gesicht langsam Patroklos zu. »Aber Mutter –«, sagte er leise, fast furchtsam, »ich habe Angst, dass in der Hitze seinen Leib Verwesung befällt. Und das könnte ich nicht ertragen!«

Sie schüttelte den Kopf. »Darum sollst du keine Sorge haben! Davor vermag ich, ihn zu bewahren! Ich verspreche dir, er wird aussehen, als lebe er, bis du ihn dem Feuer übergibst!«

Und während sich Achilleus bewaffnete, machte sie sich mit Nektar und Ambrosia und aller Kunst der Unsterblichen um Patroklos zu schaffen. –

Eine Weile später ging Achilleus, begleitet von einer kleinen Schar Myrmidonen, den Strand hinauf zum Ratsplatz, wo die Opferaltäre und die Sitze der Fürsten standen.

Er hatte einen Herold durchs Lager gesandt und so strömten jetzt von allen Seiten die Krieger zusammen und begrüßten ihn mit lautem Jubel. Sie umdrängten ihn und staunten ihn an in seiner herrlichen Rüstung und es war wie immer, wenn er erschien: Ihr Kampfesmut erwachte und sie wären ihm selbst bis in den Tartaros hinabgefolgt. »Achilleus! Achilleus wird wieder mit uns in die Schlacht ziehen! Das ist Trojas Ende!«

Als sie den Ratsplatz erreichten, waren alle da, die ein Glied rühren konnten. Verwundete schleppten sich herbei, auf ihre Gefährten gestützt; die Ruderknechte sprangen von den Schiffen herab, die Diener ließen ihre Arbeit liegen und rannten den Kriegern nach.

Agamemnon und die anderen Fürsten waren schon versammelt, selbst Odysseus, Diomedes und Menelaos waren trotz ihrer Wunden gekommen.

Es wurde ganz still auf dem Platz, als Achilleus langsam auf Agamemnon zuging. Einen Augenblick sahen sie einander schweigend an. Dann begann Achilleus zu reden: »Ja, nun hat unsere Feindschaft weder dir noch mir Nutzen gebracht, Atride! Du hast viele Freunde und Krieger verloren und die Troer dennoch nicht besiegen können. Ich aber habe Patroklos verloren. Ihn bringt nichts mehr zurück; aber ich will nicht, dass die Achaier ihm noch in Scharen zum Hades folgen müssen. Darum biete ich dir Frieden, Agamemnon! Wir wollen das Vergangene vergangen sein lassen und gemeinsam die Feinde vernichten.« Er zögerte einen Augenblick, dann hob er freimütig den Kopf. »Hätte ich eher von meinem Zorn abgelassen, dann wären nicht so viele Achaier gestorben. Doch es war wohl der Wille der Götter«, fügte er hinzu.

Jetzt erhob sich Agamemnon. Eine unsägliche Erleichterung hatte ihn bei den Worten des Peliden überkommen; aber er bezwang sich und begann, ganz ruhig und ernst zu reden.

»Hört mich an, ihr Freunde und Gefährten! Es ist wahr: Die Götter lenken den Sinn der Sterblichen. Mir hat Zeus Kronion das Herz verblendet, dass ich Achilleus beleidigte: Ihr habt mich oft deshalb getadelt! Aber, beim Hades, niemand kann mich härter tadeln als ich selber! Immer kommen die Menschen erst zur Einsicht, wenn schon Unheil geschehen ist!« Er wandte sich Achilleus zu. »Mir bleibt nur noch, dir abermals die Buße anzubieten, die dir schon Odysseus in meinem Namen angeboten hat. Ich werde sogleich Befehl geben, dass unsere Jünglinge die Geschenke hierherbringen und Brisëis und die anderen Mägdlein zu deinem Zelt geleiten!«

Achilleus antwortete nicht gleich. Er sah aus, als sei er mit seinen Gedanken weit fort und habe Agamemnons Worte nicht einmal gehört.

»Das magst du halten, wie du willst, Atride«, sagte er endlich so gleichgültig, als kümmerten ihn weder Agamemnons Schätze noch die Mägdlein. Plötzlich fuhr er auf und Zorn und Schmerz verwandelten sein Gesicht abermals auf eine erschreckende Weise. »Ich will nichts mehr als Rache für Patroklos!«, stieß er hervor. »Und ich schwöre euch, ich werde weder essen noch trinken noch schlafen, ehe ich Hektor getötet habe! Darum mögen sich alle, die mit mir in den Kampf ziehen wollen, sogleich rüsten! Und dann – wehe den Troern und dreimal wehe Hektor! Er soll die Sonne dieses Tages nicht mehr untergehen sehen!«

Vor seinem schrecklichen Zorn fasste selbst die kriegsgewohnten Männer ein Grausen an. Odysseus aber, klug und besonnen wie stets, winkte den Jünglingen, die sogleich fortliefen, um die Geschenke herbeizubringen.

Dann trat er neben Achilleus. »Ich weiß, dass du im Kampf viel stärker und schneller bist als ich«, begann er behutsam, um den

Peliden nicht zu reizen, dessen Stolz und jähen Zorn er genau kannte. »Aber ich bin älter und habe mehr Erfahrung. Ich weiß, dass Männer mit leerem Bauch schlechte Kämpfer sind und bald ermatten. Uns aber steht ein harter Tag bevor. Darum meine ich, die Krieger sollen zuerst eine gute Mahlzeit halten und sich mit Wein stärken. Und auch du sollst es tun, edler Achilleus! Wir dürfen uns nicht vom Schmerz um die Toten besiegen lassen.«
Agamemnon sah den klugen König von Ithaka dankbar an. Achilleus aber schüttelte den Kopf. »Die anderen mögen essen und trinken! Mir wird kein Bissen zwischen die Zähne kommen und kein Schluck Weines durch die Kehle rinnen, solange Patroklos ungerächt vor meinem Zelte liegt!«
Da wusste Odysseus, dass sein Bemühen vergebens war. Indessen kehrten schon die Jünglinge mit den Sühnegaben zurück: eherne Dreifüße, Krüge mit zwei Henkeln, silbernes und goldenes Gerät, zehn Talente Goldes in ledernen Beuteln. Sie stellten alles vor Achilleus auf die Erde; er aber würdigte die Schätze kaum eines Blickes und die zwölf edlen Rosse, die jetzt herbeigeführt wurden, sah er nicht einmal an.
Er stand regungslos da und starrte hinauf zu Agamemnons riesigem Purpurzelt.
Vor dem Eingang waren sieben junge Mägdlein erschienen, schön und anmutig wie Nymphen.
Ein wenig zögernd begannen sie, vorwärtszugehen, mitten durch die Scharen der Krieger, die schweigend eine Gasse bildeten.
Jetzt hob sich noch einmal der purpurne Vorhang. Einen Atemzug lang blickte Achilleus Brisëis an, die Augen wie erloschen vor Traurigkeit.
Dann senkte er schnell die Lider.
Die Mägdlein gingen an ihm vorüber.

Brisëis verhielt kaum merkbar den Schnitt, als wollte sie stehen bleiben. Aber plötzlich hatte sie Angst. Warum stand Achilleus nur so da und sah sie nicht an? Etwas Fremdes war an ihm und es erschien ihr, er sei weit, weit fort von ihr. Nein, sie durfte nicht stehen bleiben, fühlte sie, obgleich sie sich danach sehnte, die Hände um sein kummervolles Gesicht zu legen und ihn zu trösten.
So ging sie langsam hinter den anderen her, hinab zu den Zelten der Myrmidonen.
Da stand im Schatten einer Buche die Bahre, auf die man Patroklos gelegt hatte.
Sie kauerte sich nieder und blickte in sein stilles Gesicht, das aussah, als schliefe er nur.
»Ja, nun bist du gestorben«, begann sie, leise zu ihm zu reden, »und du warst doch der freundlichste und gütigste der Achaier. Als sie mich gefangen von Lyrnessos fortführten, nachdem meine drei Brüder in der Schlacht gefallen waren, da wolltest du mich nicht weinen sehen. Du verspachst mir, mich in das Zelt des größten Helden zu bringen, der mich zur Gemahlin nehmen würde. Du hast Wort gehalten; immer warst du gut und treu. Nun bin ich ohne dich doppelt verlassen: denn Achilleus sieht mich nicht an und seine Gedanken sind sehr fern von mir.«
So klagte sie und die anderen Mägdlein weinten mit ihr um den freundlichen jungen Patroklos und über ihr eigenes Schicksal.

Die Achaier aber rüsteten sich in fieberhafter Eile zum Kampf.
Tausendstimmiger Jubel brauste auf, als Achilleus neben Automedon, dem Lenker, auf seinen Wagen sprang. Sein Schild leuchtete wie Feuer in der Sonne und der goldene Helmbusch wehte im Wind, der vom Meere kam.
Xanthos und Balios, die weißen Hengste, bäumten sich hoch auf,

bereit, im nächsten Augenblick davonzurasen. Einzig Automedons eiserne Faust hielt sie zurück.

Achilleus beugte sich über die Brüstung vor. »He, ihr beiden!«, rief er die Rosse an. »Nun bewahrt mich besser, als ihr Patroklos bewahrt habt, und bringt mich heil aus der Schlacht zurück!«

Es hatte aber mit diesen Pferden eine seltsame Bewandtnis. Man erzählte sich, Peleus habe sie von den Göttern zum Geschenk erhalten und sie Achilleus geschenkt, als er auszog gegen Troja. Auch hieß es, sie seien unverwundbar und besäßen Menschenverstand, sogar menschliche Sprache sei ihnen verliehen.

Als Xanthos die Worte seines Herrn hörte, schüttelte er zornig die Mähne, die lang und üppig unter dem Joch hervorquoll.

Plötzlich begann er zu sprechen: »Nicht wir sind schuld am Tod deines Gefährten: Es war sein Schicksal! Dich selbst bringen wir heute noch einmal zurück. Doch auch dein Los ist schon bestimmt: Du wirst einem Gott und einem sterblichen Mann erliegen!«

Achilleus war nur ein wenig zusammengezuckt. Dann warf er trotzig den Kopf zurück.

»Wozu kündest du mir mein Ende?«, rief er unmutig. »Ich weiß längst, dass ich nicht mehr heimkehren werde in das Land der Myrmidonen! Vorwärts, Automedon!«

12 Auf dem Olympos hatte Zeus Kronion abermals die Unsterblichen zusammengerufen.

Er hatte längst mit Missvergnügen beobachtet, dass eine heimliche Feindschaft zwischen ihnen schwelte wegen des Krieges in Troja: Die einen standen auf der Seite der Achaier, die anderen hätten gerne den Troern den Sieg vergönnt.

So beschloss der Vater der Götter und Menschen, diesem unwürdigen Zustand ein Ende zu machen.

Poseidon musterte seinen mächtigeren Bruder, der übellaunig auf dem goldenen Thron saß, mit offenem Spott.

»Du weißt wohl wieder einmal nicht, wie du diesen Kampf da drunten ausgehen lassen sollst?«, sagte er.

Zeus warf ihm einen grimmigen Blick zu. »Du hast recht!«, antwortete er widerwillig. »Ich selbst will überhaupt nichts mehr damit zu tun haben! Der Tag ist schon sehr nahe, an dem das Schicksal aller dieser Sterblichen und der hochmütigen Stadt sich erfüllt. Bis dahin mögt ihr tun, was euch gut scheint: den einen oder den anderen beistehen, bis die Moira euch und den Menschen die Entscheidung aus den Händen nimmt.«

Ei, wie die erhabenen Götter da aufsprangen von ihren Thronen! Im nächsten Augenblick hatte sich ihre Schar geteilt: hüben Hera, Athene, Poseidon und der hinkende Hephaistos; drüben Aphrodite, Phöbos Apollon, seine Schwester Artemis, deren Pfeilen weder Mensch noch Tier entrann, und Ares, der Gott des Krieges, dem zwar an den Troern wenig lag, desto mehr aber am wilden Schlachtgetümmel, das er mit Entzücken vorhersah und nach Kräften zu schüren gedachte.

Während Zeus Kronion zum höchsten Gipfel hinaufstieg, unterwegs in seiner üblen Laune ein schreckliches Gewitter entfesselnd, stürzten sich die anderen Unsterblichen hinab auf das Schlachtfeld.

Poseidon, jetzt nicht mehr in Angst vor seinem Bruder, wühlte die Meerflut auf, dass sie allenthalben mit entsetzlicher Wucht an die Küsten brandete; die Erde bebte davon, Häuser wankten, Felsen stürzten die Berghänge herab, Getöse erfüllte die Luft.
Selbst Hades, der Fürst der Schatten, vernahm es drunten in der Finsternis des Tartaros und erhob ein warnendes Geschrei: denn er fürchtete, die Erde könnte sich auftun und sein Reich voll Grauen und Moder läge mit einem Mal im Lichte da, Göttern und Menschen zum Abscheu.
Phöbos Apollon sah, wie Achilleus über das Feld jagte, um Hektor zu begegnen.
Zwar konnte auch der mächtige Gott das Schicksal des besten Troers nicht abwenden: aber es sollte ihm noch ein wenig Zeit an der Sonne vergönnt sein. Mochten andere indessen gegen den Peliden kämpfen!
Der Gott mit dem silbernen Bogen sah sich nach Aeneas um und ließ sich gleich darauf neben ihm auf dem Wagen nieder.
»Siehst du Achilleus?«, flüsterte er ihm zu. »Hast du nicht oft beim Wein geprahlt, du würdest ihn eines Tages zum Zweikampf stellen? Nun, der Tag ist gekommen! Bist du nicht der Sohn Aphrodites, der erhabenenen Göttin? Seine Mutter aber ist nur die Nymphe Thetis, eine der niedrigen Unsterblichen! Wage getrost den Kampf! Mächtige Götter werden dir beistehen!«
Aeneas hörte die Rede ungern. Denn es war noch nicht lange her, seit Achilleus eines Nachts mit den Myrmidonen gekommen war, um die Rinder der Troer zu rauben, die an den Hängen des Ida weideten. Damals hatte Aeneas vor dem Schwerte des Peliden weichen müssen. Dennoch fühlte er sich jetzt, fast gegen seinen Willen, unwiderstehlich gedrängt, dem Gefürchteten entgegenzutreten. So lenken eben Götter die Herzen der Sterblichen. –

Hera sah seinen Wagen am Rande des Schlachtfeldes entlangjagen, dorthin, wo Achilleus mitten in einer Schar troischer Krieger kämpfte wie ein Löwe, den ein Rudel tapferer Hunde angegriffen hat.
»Aeneas sucht den Kampf mit dem Peliden«, sagte Hera beunruhigt, »Phöbos Apollon hat ihn angestachelt! Noch ist zwar Achilleus nicht dem Tod bestimmt: aber wir wollen dennoch über ihn wachen, dass ihm nicht allzu Übles von den Troern geschieht!«
Und sie setzten sich auf den Höhenrücken, den man den Wall des Herakles nannte, und hüllten sich in Wolken.
Drüben auf dem Hügel Kallikolone, der sich am Ufer des Simois erhob, saßen Apollon, Artemis und Ares und warteten ebenfalls, bereit einzugreifen, wenn Aeneas Gefahr drohte.
Aeneas war vom Wagen gesprungen. Auf seinen Ruf machten ihm die troischen Krieger sogleich Platz.
Er stand Achilleus gegenüber, nur wenige Speerlängen Raum war zwischen ihnen.
Achilleus begann sogleich zu spotten. »Wie, Aeneas – du wagst dich so weit aus den anderen hervor? Willst du mich etwa besiegen, um danach König der Troer zu werden? Aber mache dir keine Hoffnungen: Noch hat Priamos einige Söhne! Oder vielleicht hat man dir große Güter versprochen, Äcker und Weinberge, wenn du mich erlegst? Aber ich warne dich! Hast du vergessen, wie flink deine Beine waren, als du auf den Weiden des Ida vor mir fliehen musstest? Ich rate dir, weiche zurück unter deine Gefährten, ehe dich Unheil trifft!«
»Glaube ja nicht, dass du mich schrecken kannst wie einen unreifen Knaben!«, rief Aeneas zornig. »Ich bin nicht gekommen, um mit Worten zu kämpfen, sondern mit den Waffen. Du kennst meine Ahnen, ich kenne die deinigen! Warum sollen wir einander schmähen wie streitende Weiber? Nun mag das Erz sprechen!«

Er schleuderte die Lanze mit solcher Gewalt, dass sie tief in den Schild eindrang und die zwei äußeren Schichten durchschlug, ehe sie von der mittleren goldenen Schicht aufgehalten wurde.

Kaum war das Wurfgeschoss seiner Hand entflogen, duckte sich Aeneas blitzschnell. Das rettete ihm das Leben; denn im selben Augenblick schleuderte Achilleus: Der schweren Lanze und der furchtbaren Kraft hätten weder Schild noch Harnisch widerstanden. Sie durchbrach den oberen Schildrand, sauste so dicht über seine Schulter hinweg, dass ihn der Schaft noch hart streifte, und fuhr hinter ihm tief in die Erde.

Er fühlte mit Schrecken, wie der Boden unter ihm zitterte; einen Augenblick schwindelte ihm, dass er taumelte. Mit einem triumphierenden Schrei riss Achilleus das Schwert heraus und sprang vor. Aber schon hatte sich Aeneas gebückt und einen großen Stein aufgerafft. Vielleicht hätte der Stein Achilleus den Kopf zerschmettert oder das Schwert des Peliden hätte Aeneas durchbohrt – wer konnte es sagen?

Allein Poseidon gedachte nicht länger, untätig zuzusehen. »Die Toren!«, schrie er und fuhr wütend von seinem Sitz in die Höhe. »Wozu kämpfen sie? Für Achilleus ist die Stunde noch nicht gekommen. Und Aeneas ist vom Schicksal dazu ausersehen, die Troer aus der untergehenden Stadt herauszuführen in ein anderes Land, damit ihr Stamm nicht erlösche. Also vermag keiner, den anderen zu töten!«

Schon flog er wie der Blitz über das Schlachtfeld, warf Achilleus eine dichte Staubwolke ins Gesicht, packte Aeneas, dem vor Entsetzen der Stein entfiel, und schleuderte ihn über die Kämpfenden hinweg, dass er seitwärts bei den Wagen zu Boden fiel. Schnell zog Poseidon noch die Lanze aus dem Boden und legte sie Achilleus vor die Füße.

Dann schwang er sich hinter Aeneas her. »Bist du toll geworden, dass du gegen Achilleus kämpfst?«, fuhr er ihn an. »Nicht du wirst ihn besiegen, sondern ein anderer Mann und ein Gott! Ich rate dir, ihm künftig aus dem Weg zu gehen: Er ist stärker als du und die mächtigsten Götter stehen ihm zur Seite!« –

Achilleus riss die Augen auf, als der Staub sich verzogen hatte. »Wehe mir, was ist das für ein Wunder?«, sagte er verblüfft zu sich. »Da liegt mein Speer, aber der Mann, nach dem ich geworfen habe, ist verschwunden! Nun – mag es sein! Ich werde viele andere Troer zum Hades senden! Und einmal werde ich Hektor begegnen!«

In dieser Schlacht schien es den Troern, als kämpfe nicht ein Sterblicher gegen sie, sondern ein furchtbarer Dämon – so wütete Achilleus unter ihnen. Die tapfersten traten ihm entgegen – keiner entrann ihm.

Manchmal waren sie einander ganz nahe über den Köpfen der Krieger – Hektors feuerroter Helmbusch und der goldene Rossschweif, der über dem Haupt des Peliden wehte. Aber immer wieder trennte sie das Getümmel.

Einmal, als vor Hektor ein leerer Raum entstand, erblickte er jenseits, gerade gegenüber, Achilleus.

Er schwang den Speer in die Höhe und setzte zum Sprung an. Aber eine eiserne Faust riss ihn zurück. »Kämpfe nur inmitten einer dichten Schar, damit dich Achilleus nicht mit der Lanze treffen noch mit dem Schwert erreichen kann!«, sagte Apollons Stimme an seinem Ohr.

Er gehorchte widerwillig. Doch wenig später sah er voll Schmerz und Zorn, wie Achilleus seinen Bruder Polydoros erschlug: Er war der jüngste der Priamossöhne und Hektor liebte ihn am meisten.

Da vergaß er den Befehl des Gottes.

Er warf sich nach vorne. Wer ihm im Weg stand, den stieß er zur Seite. Achilleus schnellte in die Höhe, als er ihn sah. Im nächsten Augenblick standen sie einander gegenüber.

Fast wandelte Hektor ein Grauen an, als er in das Gesicht seines furchtbaren Feindes blickte. Da begann Achilleus zu sprechen.

»Bist du endlich gekommen? Lange habe ich auf dich warten müssen! Du hast meinen Gefährten getötet, den ich mehr liebte als alle anderen Menschen. Nun werde ich dich töten!«

»Niemand weiß, was die Götter beschließen!«, sagte Hektor ruhig und hob den Arm mit der Lanze. »Vielleicht wird mein Speer dir das Leben rauben!«

Die Lanze flog auf Achilleus zu und hätte ihn genau in die Stirn getroffen. Aber Pallas Athene stand hinter ihm und ihr Hauch hemmte die Waffe: Sie prallte zurück wie von einer steinernen Mauer und fiel Hektor vor die Füße.

Jetzt sprang Achilleus vor. Aber er hielt mit einem Wutschrei inne: denn da war niemand mehr, nur eine Nebelwand erhob sich an der Stelle, wo gerade noch Hektor gestanden war.

Dreimal stieß Achilleus zähneknirschend den Speer in die graue Wand, dreimal traf er ins Leere. Da gab er es auf.

»Du Hund, bist du mir abermals entronnen?«, schrie er. »Gewiss hast du Phöbos Apollon angefleht, dich vor mir zu retten! Ich weiß, was die Götter zu tun pflegen, wenn sie ihre Lieblinge schützen wollen! Aber es soll dir nichts nützen: Meine Lanze wird dein Blut trinken – und müsste ich auch sogleich nach dir zum Hades fahren!«

Abermals begann er, über das Schlachtfeld zu toben, wild und schrecklich wie Ares, der Kriegsgott, selbst. Entsetzen erfasste die Troer. Viele von ihnen flohen zur Stadt hinauf. Die tapfersten hielten eine Weile stand, aber nicht lange. Sie merkten kaum, dass auch sie immer weiter und immer schneller zurückwichen. Wie gebannt starrten sie ihren schrecklichen Verfolger an, der sie vor sich hertrieb wie eine Herde Schafe. Oh, man nannte ihn nicht umsonst den schnellen Läufer! Bald war er da, bald dort und sein Schwert schlug und schlug.

Und plötzlich gab es keinen Ausweg mehr für die verlorene Schar: Hinter ihnen war der Fluss – vor ihnen Achilleus! Da sprangen sie in den Fluss – es schien ihnen die geringere Gefahr.

Aber sie irrten sich.

Auch Achilleus sprang in den Fluss.

Es war, als bewege er sich im Wasser ebenso sicher und behänd wie auf dem festen Land.

Bald färbten sich die Wellen rot vom Blut der Erschlagenen. Ein junger Krieger umklammerte seinen Arm: Er war fast noch ein Knabe und wollte nicht sterben. »Willst du uns alle töten?«, rief er. Achilleus stieß ihn fort. »Ehe Patroklos starb, habe ich zuweilen die Troer geschont. Er war viel besser als die meisten von euch. Dennoch musste er sterben. Und auch ich selbst werde sterben. Warum solltest du am Leben bleiben?«

Darunter in der Tiefe sah Skamandros, der Gott des Stromes, das schreckliche Morden und beschloss, ihm ein Ende zu machen: denn er liebte die stolzen Troer und ihre glänzende Stadt, die so nahe an seinem Reich lag.

Er tauchte neben Achilleus aus der Flut. »Genug der Gräuel, Pelide!«, sagte er finster. »Schon staut sich das Wasser an den vielen Toten und kann nicht mehr zum Meere strömen. Musst du töten, so treibe die Troer zuvor hinaus auf festes Land: Ich will nichts mehr mit euren Kämpfen zu tun haben!«

Achilleus zuckte mürrisch die Achseln. »Da du zu den Unsterblichen gehörst, muss ich dir wohl gehorchen. Aber glaube ja nicht, dass ich auch nur einen der Troer verschonen werde.«

Und er begann, mit schrecklichem Geschrei die Krieger, die verzweifelt umherschwammen, dem Ufer zuzutreiben.

Unterdessen sah Skamandros Phöbos Apollon vorübereilen und rief ihm zu: »Bist du nicht der Schutzgott der Troer und haben sie dir nicht auf Pergamos einen goldenen Tempel erbaut? Kannst du untätig zusehen, wie der Würger Achilleus sie scharenweise erschlägt?«

Achilleus hörte die Rede mit Grimm. Sogleich vergaß er den Befehl des Flussgottes, sprang abermals mitten in den Strom und sein Schwert begann von Neuem, unter den Schwimmenden zu wüten.

Jetzt wurde aber Skamandros sehr zornig. Er ließ den Strom anschwellen, wirbelnd und schäumend türmten sich die Wellen rings um Achilleus. Brüllend warfen sie sich gegen das Ufer und schleuderten die Toten hinaus aufs Feld.

Entsetzen erfasste Achilleus. Er fühlte, wie ihm die Wassermassen den Boden unter den Füßen fortrissen und ihn unter Leichen, Schlamm und umhergewirbelten Waffen zu begraben drohten.

Im letzten Augenblick gelang es ihm, den Arm um den Stamm einer Ulme zu schlingen, die vom Ufer her über das Wasser hing. Aber die Wellen spülten das Erdreich um ihre Wurzeln fort, der Baum stürzte quer über den Fluss und drückte Achilleus tief hinab in die tobende Flut.

Halb ertrunken und fast von Sinnen, arbeitete er sich unter dem Gezweig hervor und kletterte über den Stamm ans Ufer.

Schon glaubte er sich gerettet: Den Schild auf den Rücken geworfen, begann er zu laufen, fort von diesem entsetzlichen Fluss!

Aber Skamandros sprang ihm nach. Welle auf Welle schleuderte er hinter dem eilig Fliehenden her. Sie prallten mit schrecklicher Gewalt gegen seinen Schild, sodass Achilleus vornüberfiel. Raffte er sich mühsam auf, dann stürzten die Wassermassen über seine Schulter herab und drückten ihn gegen die Erde, die sich rings um ihn in grundlosen Schlamm verwandelt hatte. Hilflos taumelte er umher und meinte, seine letzte Stunde sei gekommen. Da rief er in seiner Verzweiflung Zeus Kronion an. »Vater Zeus, rettet mich keiner der Unsterblichen von diesem elenden Tode? Wehe, meine Mutter hat mich betrogen! Sie weissagte mir, ich werde unter den Mauern von Troja sterben, getroffen von Apollons Pfeil! Hätte mich doch wenigstens Hektor nach ehrenvollem Kampfe erschlagen! Nun aber soll ich hier ertrinken wie ein törichter Schweinehirt, der aus Dummheit in den Wildbach gewatet ist.«

Aber er ertrank nicht. Poseidon und Pallas Athene sahen seine Not und eilten herbei. »Es ist nicht dein Schicksal, dem Stromgott zu unterliegen«, tröstete ihn Poseidon. »Du wirst Hektor töten und mit Ruhm bedeckt zu den Schiffen zurückkehren.«

»Wir werden Skamandros sehr schnell zähmen«, versprach Pallas Athene und sie verließen ihn. Gestärkt und voll neuer Zuversicht, kämpfte er weiter.

Skamandros merkte es wohl und fürchtete, dass Achilleus ihm entkommen könnte.

Er rief den Flussgott des Simois zu Hilfe. Der wälzte alsbald braune Wassermassen, Steine, Baumstämme und Geröll herab über das Feld.

»Das ist gut, Bruder«, sprach Skamandros zufrieden, »wir werden dem Frevler einen Grabhügel aufschütten, dass die Achaier vergeblich nach seinen Gebeinen suchen sollen – so tief unter Schlamm, Sand und Gestein werden wir ihn begraben!«

Aber als just Achilleus wieder alle Hoffnung aufgeben wollte, geschah etwas Seltsames und Schreckliches.

Hera hatte nämlich in ihrer Angst ihren Sohn Hephaistos herbeigerufen. »Beeile dich, mein hinkender Sohn«, sagte sie hastig. »Du bist der Herr des Feuers und Feuer soll das Wasser bekämpfen. Du musst Skamandros schleunigst wieder bändigen: Sonst ist Achilleus verloren.«

»Skamandros soll sogleich inne werden, dass wir stärker sind als ein niedriger Flussgott«, antwortete Hephaistos und machte sich ans Werk.

Schnell wie der Wind fuhr er über das Gefilde am Strom hin und her und alsbald glühte und flammte es allenthalben auf. Gras, Schilf und Lotos brannten, zischende Dampfsäulen schossen in die Höhe, die Erde trocknete zu Staub und Asche und die Toten verbrannten. Ulmen, Weiden und Tamarisken am Ufer loderten wie riesige Fackeln. Das Wasser des Flusses begann zu kochen, Fische schnellten sich gepeinigt in die Luft und Skamandros drunten in der Tiefe konnte die Hitze nicht mehr ertragen. Da rief er Hera an. »Ich bitte dich, rufe deinen erhabenen Sohn zurück, und ich schwöre dir, nie mehr eine Hand für die Troer zu rühren!«

Hera vernahm es mit Befriedigung. »Wir wollen nicht einen Unsterblichen um der Sterblichen willen allzu sehr quälen«, sagte sie großmütig und hieß Hephaistos die Feuersbrunst löschen. –

Indessen hatte Ares mit wachsender Wut Pallas Athene beobachtet, die, herrlich in ihrer Rüstung, auf dem Wall stand, die Ägis, den schrecklichen Schild ihres Vaters, vor der Schulter.

Und als ihn der Zorn fast erstickte, schwang er sich vom Hügel Kallikolone in die Luft.

Athene blickte ihm sehr wachsam entgegen. »He, du unverschämte nichtige Fliege!«, schrie er. »Weißt du noch, wie du Diomedes

die Lanze lenktest und sie mir in den Leib ranntest? Das wirst du mir jetzt büßen!« Und er stieß seinen gewaltigen Speer mit aller Macht gegen sie. Aber was vermochte er gegen die Ägis, die nicht einmal Zeus Kronions Blitze durchschlugen? Athene bückte sich schnell, riss einen zackigen Felsblock, der da als Grenzstein stand, aus der Erde und warf ihn nach dem wütenden Gott.
Ares stürzte nieder wie ein gefällter Baum. Da lachte Pallas Athene. »Hast du immer noch nicht begriffen, dass ich viel stärker bin als du? Merke dir endlich, dass rohe Gewalt nicht alles ist!«
Aphrodite hatte den Streit mit angesehen. Jetzt flog sie herbei, ihrem Bruder beizustehen. Sie half dem Stöhnenden auf die Beine und wollte ihn fortführen.
Das ärgerte Hera, denn es gefiel ihr über die Maßen, dass Pallas Athene dem wilden Kriegsgott so übel mitspielte.
»Lass die beiden nicht so leichten Kaufes davonkommen«, stachelte sie Athene an, die Aphrodite mit bösen Blicken nachsah. Sie war der schönen Göttin niemals sehr freundlich gewesen; denn obgleich ihr selbst höchste Weisheit verliehen war, neidete sie Aphrodite heimlich ihre Schönheit, wie das auch sterbliche Frauen zuweilen tun. So schwang sie sich jetzt eilends hinter den Fliehenden her und versetzte ihnen einen so heftigen Stoß, dass sie sich beide im Staub wälzten.
»So mag es allen gehen, die den Troern helfen!«, sagte sie hochmütig und wandte ihnen den Rücken.
»Du hast ganz recht«, sagte Poseidon beifällig, und weil jetzt Phöbos Apollon ein wenig entfernt über das verwüstete Feld ging, rief er ihm zu. »Ich hätte große Lust, dich fürchterlich zu verprügeln, du Narr! Fällt dir nichts Besseres ein, als den Troern beizustehen? Hast du gänzlich vergessen, wie wir beide, du und ich, auf Zeus Kronions Befehl vorzeiten dem Troerkönig Laomedon

ein Jahr lang dienen mussten? Und wie er dann, als das Jahr um war, uns den vereinbarten Lohn verweigerte und uns mit bösen Worten fortschickte. Dir drohte er, dich an Händen und Füßen zu fesseln und dich in ein fernes Land zu verkaufen. Zuvor aber wolle er dir noch mit dem Schwert die Ohren abschneiden, so sagte er. Und diesem Volk willst du deine Gnade schenken!«

»Es wäre nicht klug, wollten wir uns um der Sterblichen willen streiten«, meinte Apollon nachgiebig. »Dieses nichtige Geschlecht – es wird geboren, freut sich eine Weile des Lebens und vergeht. Lass sie doch allein ihre törichten Kämpfe austragen!«

Er ging fort, denn er wollte nicht gegen Poseidon kämpfen, vor dem er eine gewisse Ehrfurcht empfand.

Aber trotz seiner versöhnlichen Rede war er entschlossen, die Troer nicht im Stich zu lassen.

Er hatte voll Kummer gesehen, wie Achilleus die letzten Überlebenden, die sich aus der Wasserflut und der Feuersbrunst gerettet hatten, wütend verfolgte. Zwölf von ihnen nahm er gefangen und fesselte sie mit ihren eigenen Gürteln: Sie sollten bei der Bestattungsfeier für Patroklos sterben. Zwei Myrmidonenkrieger brachten sie zu den Schiffen.

Ja, es stand sehr übel um die Troer. Von allen Seiten flohen sie in Scharen zur Stadt, von den Achaiern gehetzt, kampfesmüde und nur noch bestrebt, die schützenden Mauern zu erreichen.

König Priamos beobachtete vom Turm aus voll Kummer und Sorge ihre Flucht.

»Haltet euch bereit, die Tore zu öffnen und unsere Krieger einzulassen!«, befahl er den Wächtern. »Aber werft sie augenblicklich wieder zu, damit nicht die Verfolger mit ihnen eindringen. Seht ihr dort drüben Achilleus? Wenn es ihm gelingt, in die Stadt zu kommen, wird das Morden in Troja kein Ende mehr nehmen.«

Es war nur sehr wenig Raum zwischen Achilleus und dem Häuflein der Troer, das er vor sich herjagte. Sie ächzten vor Durst und Müdigkeit, ihre Gesichter waren unkenntlich vor Staub und Asche, viele hatten die Waffen fortgeworfen, um schneller laufen zu können.
Die Wächter rissen die Tore auf: Es war keinen Augenblick zu früh. Die Männer taumelten hindurch. Mit einem letzten gewaltigen Satz warf sich Achilleus nach vorne ...
Es wäre den Wächtern kaum mehr geglückt, die Torflügel vor ihm zuzuschlagen.
Aber da sprang Phöbos Apollon, der, wie ein gewöhnlicher Krieger anzusehen, auf der Mauer gewacht hatte, herab – ihm gerade vor die Füße!
Das Tor fiel krachend zu. Achilleus stieß einen Wutschrei aus.
Aber auch einer der troischen Führer war draußen geblieben: Agenor, Antenors Sohn.
Er war unbeachtet hinter den dicken Stamm der Eiche gesprungen, die am Tore stand. Unter der gewaltigen Krone herrschte tiefer Schatten. Keuchend holte Agenor Atem. Es war Wahnwitz, was er da tat, er wusste es! Aber er konnte nicht anders. Er musste gegen diesen schrecklichsten aller Feinde kämpfen, auch wenn es den sicheren Tod bedeutete!
Achilleus starrte ihn verblüfft an, als er hinter dem Stamm hervorsprang.
Blitzschnell hob Agenor die Lanze. Sie traf Achilleus am Knie. Aber die Beinschienen, die Hephaistos aus Zinn geschmiedet hatte, widerstanden dem Erz.
Jetzt rissen beide zugleich das Schwert aus der Scheide und bereiteten sich zum Sprung.
In diesem Augenblick geschah etwas. Achilleus merkte nichts davon in dem Dämmerlicht unter den tief herabhängenden Zweigen.

Agenor erhielt plötzlich einen furchtbaren Stoß vor die Brust, der ihn hinter den Stamm schleuderte.

An seiner Stelle aber stand in seiner Gestalt Phöbos Apollon.

Doch der Gott begann nicht zu kämpfen: Er wandte sich schnurstracks zur Flucht, hinab gegen das Ufer des Skamandros.

Achilleus folgte ihm verwundert. »Hat dich plötzlich dein Mut verlassen, Agenor?«, rief er spottend. »Aber du weißt wohl, dass mir noch niemand im Lauf entronnen ist.«

Er schnellte vorwärts wie ein Hirsch, der unbesiegbare Läufer Achilleus.

Aber was war das? Wie schnell er auch lief – immer war der Verfolgte ein paar Schritte vor ihm und er konnte ihn nicht einholen!

So kamen sie an den Fluss.

Da hielt Phöbos Apollon so plötzlich an, dass Achilleus gegen ihn prallte.

Eisiger Schrecken durchzuckte ihn: Das war nicht Agenor! Langsam wandte ihm Apollon das Gesicht zu. Er lächelte. »Hast du mich wirklich nicht erkannt, Pelide? Du musstest doch wissen, dass kein Sterblicher schneller ist als du! Wozu aber verfolgst du einen Gott, den du doch nicht töten kannst, wie du alle die anderen getötet hast!«

Zorn packte Achilleus bei dieser spöttischen Rede. »Du bist es also, Gott mit dem silbernen Bogen? Du hast mich überlistet und mich so weit von den Mauern fortgelockt, damit die Troer sich in die Stadt retten können! Du hast mich um meinen Ruhm betrogen. Wärst du mir nicht in den Weg getreten, so hätte ich den Achaiern die Tore Trojas von innen geöffnet, das schwöre ich dir!«

Wütend kehrte er dem Gott den Rücken und begann, zurückzulaufen zur Stadt. –

Zu dieser Zeit befanden sich auch die letzten Reste des troischen Heeres schon in Sicherheit.

Viele waren aber noch unter den Mauern gefallen, während sie die Flucht ihrer Gefährten deckten und die geöffneten Tore verteidigten.

Jetzt waren die Tore geschlossen. Die Achaier hatten sich ringsum am Hang zu Boden geworfen, wo sie gerade standen; denn auch sie waren todmüde.

Vor dem skäischen Tor stand ein einsamer Krieger auf seine Lanze gestützt. Sein feuerroter Helmbusch war beschmutzt und zerzaust, die Rüstung mit Staub gedeckt, das Gesicht zerfurcht von Müdigkeit.

Die Achaier blickten fast scheu zu ihm hinauf. Warum stand Hektor dort droben, er ganz allein? Er stand da, als warte er auf etwas. Wartete er auf Achilleus?

Keiner von den Achaiern griff ihn an.

Sie sahen Achilleus, der den Hang vom Fluss herauflief. Sie wussten alle: Dies war sein Kampf. –

Hektor hatte den Schild an die Mauer gelehnt. Seine Hand fuhr manchmal über die Stirn und wischte den Schweiß fort, der ihm brennend in die Augen rann.

Eine schreckliche Traurigkeit erfüllte seine Seele. Nichts anderes hatte darin Raum als diese Trauer, die ihn nie mehr verlassen würde.

Er blickte nicht zum Turm hinauf, denn er wusste, dort standen König Priamos und die Königin Hekabe, seine Mutter. Sie hatten ihn weinend gebeten, sein Leben nicht mutwillig aufs Spiel zu setzen. »Fast alle meine Söhne hat dieser Krieg verschlungen: Doch noch viel schrecklicher wäre es mir, dich zu verlieren! Ich bitte dich, komm in die Stadt!« Die Worte des Vaters hatten sein Herz gerührt und der Schmerz seiner Mutter trieb ihm die Tränen in die Augen – aber er blieb, wo er war.

Andromache war nicht da: Man hatte es ihr wohl nicht zu sagen gewagt. An Andromache und seinen kleinen Sohn durfte er nicht denken. Nein, das durfte er nicht!

Sonst würde er nicht die Kraft haben, da stehen zu bleiben und zu warten . . .

Einen Augenblick sah er das verschlossene Tor an. Er brauchte nur zu rufen und es würde sich blitzschnell öffnen und ihn einlassen. Er wusste genau, drinnen standen seine treuesten Gefährten und warteten darauf, den Riegel zur Seite zu stoßen, ihn hineinzuziehen und ihn voll Freude zu umarmen.

Aber er konnte nicht rufen. Er konnte nicht mehr in die Stadt zurückkehren, in der alle die Frauen, Kinder und Greise lebten, deren Männer, Väter und Söhne gefallen waren. »Sie mussten sterben, weil Hektor hochmütig auf seine eigene Stärke vertraute. Er hat unser Volk ins Verderben gestürzt!« So würden sie reden und er könnte es nicht ertragen!

Er dachte an Polydamas. Polydamas hatte ihn beschworen, sich mit dem Heere in die Stadt zurückzuziehen, ehe Achilleus wieder zu kämpfen begann. Wie viele Troer wären am Leben geblieben! »Aber ich wollte nicht!«, sagte Hektor mit grausamer Deutlichkeit zu sich selbst. »Nein, ich nannte meinen Freund einen Feigling und war stolz auf meine Macht über die Krieger, die mir willig folgten!«

So quälte sich Hektor mit seinen traurigen Gedanken, während er da unter dem Torbogen stand und wartete.

Neben ihm sprang die Mauer weit vor und so konnte er Achilleus nicht sehen, der immer näher kam – wie ein unentrinnbares Verhängnis.

Und als er ihn dann sah, ganz plötzlich, kaum drei Schritte entfernt – diesen schrecklichen Feind, der nichts als seinen Tod wollte, dessen Gesicht so erbarmungslos war wie ein steinernes Bildnis –, da packte den tapferen Hektor, der niemals einen Kampf gefürchtet hatte, ein so namenloses Entsetzen, dass er den Schild aufraffte und floh.
Hektor war schnell und Phöbos Apollon flog neben ihm her und verlieh ihm Kraft.
So vermochte ihn Achilleus nicht einzuholen.
In langen Sprüngen liefen die beiden Männer hintereinander um die Mauer. Es sah aus wie ein Wettkampf, bei dem man vielleicht eine Stierhaut oder ein Opfertier gewinnen konnte: aber es war ein grausiger Wettlauf um Leben und Tod.
Sie kamen an der steinernen Warte vorüber und an dem riesigen Feigenbaum und ein wenig später an den beiden Quellen des Skamandros: Aus der einen quoll das Wasser heiß hervor, rings von Dampfwolken umwallt, aus der anderen sprudelte es Winter und Sommer kalt, als hätte es in eisigen Höhlen seinen Ursprung.
Vorbei an den ummauerten Gruben liefen sie, in denen die troischen Frauen die Gewänder zu waschen pflegten, früher, als noch Friede herrschte.
Abermals kamen sie an das skäische Tor. Ein paar von den achaischen Bogenschützen waren aufgesprungen und hielten den Pfeil auf der Sehne.
Aber Achilleus schüttelte den Kopf, als er es sah. Nein, niemand durfte in diesen Kampf eingreifen!
Dreimal liefen sie um die Stadt. Die Troer, die auf Mauern und Türmen standen, und die Achaier drunten am Hang sahen atemlos zu.
Selbst die Götter blickten stumm und gespannt von ihrem goldenen Saal herab.
Als die Läufer zum vierten Mal an die Quellen kamen, ergriff Zeus

Kronion die Waage des Schicksals und legte zwei Todeslose in die Schalen: eines für Hektor, das andere für Achilleus.

Da sank Hektors Los tief hinab.

Phöbos Apollon sah es voll Trauer und verließ seinen Schützling: denn auch er vermochte nichts gegen die Macht des Schicksals. – Hektor blieb stehen und wandte sich um: Etwas in seinem Innern zwang ihn dazu. Nein, er würde nicht weiter fliehen! Nun musste er diesen Kampf bestehen und danach mochte kommen, was die Götter über ihn verhängt hatten.

Eine kleine Weile herrschte Schweigen zwischen den beiden Männern.

Achilleus sah Hektor an, immer mit diesem schrecklichen Zorn in den Augen.

Langsam glitt sein Blick über die Rüstung, die Hektor trug. Sie hatte einmal ihm gehört und zuletzt hatte sie Patroklos getragen, als Hektor ihn erschlug.

Er zuckte zusammen. »Ich habe auf dich gewartet, weil ich wusste, dass du kommen würdest«, sagte Hektors ruhige Stimme. »Dennoch bin ich dann vor dir geflohen. Aber nun ist es vorbei. Ehe wir jedoch diesen Kampf beginnen, wollen wir einen Vertrag schließen: Nehme ich dir das Leben, so werde ich deine Rüstung behalten, wie es mein Recht ist. Deinen Leib aber gebe ich den Achaiern zurück, damit sie ihn mit allen Ehren bestatten. Willst du mir das Gleiche versprechen?«

»Rede mir nicht von Verträgen!«, antwortete Achilleus hart. »Zwischen dir und mir kann es ebenso wenig einen Bund geben wie zwischen dem Löwen und dem Menschen. Allzu viel hast du mir angetan. Nun ist die Stunde der Rache gekommen!«

Blitzschnell fuhr sein Arm in die Höhe und die schwere Lanze sauste durch die Luft.

Aber Hektor war auf der Hut. Er duckte sich tief zur Erde. Der Speer sauste über ihn weg gegen die Mauer und flog wieder zurück zu Achilleus, der ihn flink aufraffte.

Jetzt schleuderte Hektor. Doch was half es, dass er den Schild, den Hephaistos geschmiedet hatte, genau in der Mitte traf? Keine Waffe vermochte, das Werk des Gottes zu durchdringen!

Der Schild tönte laut und die Lanze flog klirrend weitab zur Seite.

Hektor biss die Zähne zusammen. Nun hatte er nur noch sein Schwert!

Er riss es heraus und sprang vor.

In diesem Augenblick sah Achilleus etwas. An dem Harnisch, den Hektor trug und den er selbst nur allzu gut kannte, hatte sich oben zwischen Schulter und Hals ein schmaler Spalt geöffnet. Vielleicht, weil die Rüstung Hektor eben doch nicht ganz genau passte, obgleich er ebenso groß war wie der Pelide.

Auf diesen Spalt richtete Achilleus seine Lanze, während sie gegeneinanderrannten.

Und ehe noch Hektors Schwert ihn erreichte, fuhr die eherne Spitze durch den Spalt, bohrte sich in den Hals und zerriss die große Ader, in der das Blut vom Herzen herfließt.

Hektor stürzte nieder. Er wusste sogleich: Das war der Tod. Und plötzlich schien es ihm, als hätte er immer gewusst, dass es so geschehen würde.

Er versuchte, sich aufzurichten, und blickte zu Achilleus hinauf, während es schon wie Nebel über seine Augen zog und das Blut unaufhaltsam aus der Wunde strömte.

»Noch einmal bitte ich dich: Lass mich nicht bei den Schiffen Achaias den Geiern zur Beute, sondern erlaube den Meinigen, mich heimzubringen in die Stadt«, sagte er mühsam.

Achilleus starrte zu ihm hinab; schwarz, wie erloschen, lagen sei-

ne Augen in den Höhlen. Er empfand keinen Triumph, aber er fand auch keinen Funken von Erbarmen in sich. »Schweig!«, stieß er heiser hervor. »Schweig, sage ich dir: Du bittest vergebens!«
Da gab Hektor die Hoffnung auf. Noch einmal begann er zu reden. »Du trägst ein Herz von Eisen in der Brust! Aber hüte dich, Pelide! Der Tag ist nicht mehr fern, an dem Paris mit Phöbos Apollons Hilfe dich hier am skäischen Tor töten wird, wie du mich getötet hast.«
Achilleus warf auf seine wilde Weise den Kopf zurück. »Fahre du zum Hades hinab!«, rief er. »Mein Schicksal werde ich ertragen!« – Hektor hörte ihn nicht mehr. –
Als Achilleus sah, dass er tot war, zog er die Lanze aus der Wunde und begann, ihm mit sonderbar zögernden Bewegungen die Rüstung abzunehmen – seine eigene Rüstung, die durch eine seltsame Fügung wieder zu ihm zurückkehrte. Dann lag Hektor still da in seinem weißen wollenen Gewand und nichts gemahnte mehr daran, dass er der Abgott der Troer und der Schrecken der Achaier gewesen war. Von den Mauern und Türmen der Stadt scholl lautes Entsetzensgeschrei, als die Troer begriffen, dass ihr Held tot war.
Achilleus achtete kaum darauf. Nur einmal blickte er hinauf und da sah er, gerade über sich, König Priamos, weit über die Brüstung gebeugt, als wolle er sich herabstürzen. Er sah das schneeweiße Haar und das alte Gesicht, von Gram durchfurcht und von Tränen überströmt.
Da war auch Hekabe, die Königin. Sie hatte sich in ihrem Schmerz den Schleier mit dem kostbaren Kopfschmuck herabgerissen und ihn fortgeschleudert.
Achilleus zuckte ein wenig zurück, als der goldene Reif mit den glitzernden Steinen leise klirrend neben ihm auf den Boden fiel.

Unterdessen hatten sich die Myrmidonen um ihn geschart und priesen laut seinen Sieg.

Er schien es nicht einmal zu hören.

Automedon kam mit dem Wagen.

Man umwand die Füße des Toten mit ledernen Riemen und band sie an die Achse.

Im nächsten Augenblick war Achilleus auf den Wagen gesprungen, riss Automedon Zügel und Geißel aus der Hand und trieb die weißen Hengste an. »Vorwärts!«, schrie er. »Hinab zu den Schiffen! Stimmt das Siegeslied an, ihr Krieger Achaias! Großer Ruhm ist uns beschieden!«

Aber während er so den Hang hinabjagte, dass der goldene Rossschweif auf dem Helm schimmernd hinter ihm herwehte, war sein Gesicht so düster wie eine Gewitternacht.

Er warf keinen Blick zurück nach dem Toten, den der Wagen durch den Staub des zerstampften Feldes schleifte.

Das Schreckensgeschrei der Troer wurde zu einem Gebrüll, das die Luft erzittern ließ, als sie ihren toten Führer so entehrt sahen. –

Andromache, die in ihrem Gemach am Webstuhl saß, horchte erschrocken auf.

Gerade hatte sie den Mägden befohlen, den Dreifuß über das Feuer zu stellen und den mächtigen Kessel mit Wasser zu füllen, damit Hektor, wenn er aus der Schlacht zurückkehrte, ein warmes Bad bereitfände.

Jetzt sprang sie auf, jäh wich die Farbe aus ihrem Gesicht, das Webschiffchen entfiel ihren zitternden Fingern und die purpurnen Fäden verwirrten sich.

Einen Augenblick stand sie da, die Hände an die Schläfen gedrückt. »Warum schreien sie? Oh Götter, warum schreien sie so

entsetzlich?«, stieß sie hervor. »Ich weiß es! Hektor ist etwas geschehen! Gewiss hat er gegen Achilleus gekämpft! Ich muss –«
Sie lief zur Tür hinaus. Zwei erschrockene Mägde folgten ihr.
Atemlos hastete Andromache an der Mauer entlang gegen das skäische Tor und flog die Stiege hinauf zum Turm.
Undeutlich, wie durch einen Nebel sah sie, dass viele Menschen da waren. Der König saß auf der steinernen Bank, müde zusammengesunken, die Hände ins Haar vergraben. Da waren auch die Frauen der Priamossöhne, um die weinende Königin gedrängt – was hatten die Frauen hier zu suchen?, dachte Andromache verwirrt.
Im nächsten Augenblick stand sie an der Brüstung. Sie merkte nicht, dass es auf dem Turm plötzlich totenstill geworden war und dass alle die Männer und Frauen sie scheu und mitleidig ansahen. Ihre Augen irrten voller Angst über das Schlachtfeld. Ringsum zogen die Achaier in Scharen den Hang hinab, fort von der Stadt; ihr Siegesgesang erfüllte die Luft. Kampfwagen fuhren vorüber und rasten auf das Lager zu.
Vor den Reihen der Krieger jagte ein einzelner Wagen dahin, von zwei weißen Hengsten gezogen. Die hohen goldenen Räder glänzten im Sonnenlicht. Andromache kannte diesen Wagen.
Sie erkannte auch den Mann, der droben stand, obgleich sie ihn gar nicht mehr deutlich sehen konnte. Von seinem Helm wehte der goldene Rossschweif wie eine Flamme.
Alles war so weit entfernt, dass es vor ihren Augen verschwamm. Aber dies war Achilleus – und . . .
Die Frauen sprangen herzu und fingen sie auf, als sie ohne einen Laut zusammensank. –
Sie kam schnell wieder zu sich und sie wusste im selben Augenblick, was geschehen war.

Eine Weile später begann sie zu reden und ihre Stimme klang verzweifelt und trostlos. »Nun bist du fortgegangen, hinabgestiegen zum Hause des Hades, und hast uns allein zurückgelassen, deinen kleinen Sohn und mich. Niemand wird uns künftig beschützen und das Leid von uns fernhalten. Vaterlos muss Astyanax aufwachsen. Und dich selbst werden nicht die Troer ehrenvoll bestatten, in das feine Linnen gehüllt, das ich an vielen Tagen gewoben habe. Nein, unbekleidet und unbestattet wirst du bei den Schiffen der Achaier liegen; niemand wird dich mit reichen Totenopfern dem Feuer übergeben und dir einen hohen Grabhügel aufrichten.«

So klagte Andromache bitterlich und nichts vermochte sie zu trösten.

Es gab niemanden in Troja, der nicht mit ihr um Hektor weinte, als sich die Nachricht von seinem Tode mit Windeseile verbreitete. Eine schreckliche Furcht erfasste das Volk, als sei mit dem Untergang ihres größten Helden auch der Untergang der Stadt zur Gewissheit geworden.

Nur Kinder und Greise schliefen in dieser Nacht. Aus Palästen und Hütten schollen bis zum Morgen die Totenklagen.

13 Auch im Lager der Achaier dachte lange niemand an Schlaf. Die Krieger zerstreuten sich in die Zelte, um die Rüstung abzulegen, sich vom Staub der Schlacht zu reinigen und ihre Wunden zu pflegen.

Den Myrmidonen aber hatte Achilleus befohlen: »Wir wollen zuvor Patroklos noch die Ehre erweisen.«

Sie schirrten die Rosse nicht ab, sondern umfuhren dreimal langsamen Schrittes das Lager des Toten. Darauf legten sie Hektors Leiche zu Füßen der Bahre nieder, mit dem Gesicht gegen die Erde gewendet.

Agamemnon, unendlich erleichtert durch die günstige Wendung des Krieges, sandte Achilleus durch seine Diener heißes Wasser, duftende Öle und Salben.

Aber Achilleus schickte die Knechte fort. »Ehe nicht Patroklos bestattet ist, will ich mich nicht solcher Wohltat erfreuen!«, ließ er dem König sagen. »Du aber befiehl deinen Männern, morgen früh Holz aus den Wälder herbeizuschaffen, damit ich meinen Gefährten dem Feuer übergeben kann.«

Darauf lud er die Krieger zum feierlichen Totenmahl, das erst lange nach Mitternacht ein Ende nahm.

Der Morgen war nicht mehr fern, als er sich, todmüde von Kampf und Kummer, auf sein Lager streckte.

Aber als er just in Schlaf versinken wollte, merkte er, dass jemand zu ihm trat.

»Schläfst du, Achilleus?«, sagte eine Stimme, die ihn augenblicklich wieder auffahren ließ.

Er riss die Augen auf und starrte die Gestalt an, die in der Dunkelheit ganz deutlich vor ihm stand. Er sah das freundliche Gesicht, die strahlenden Augen, die Locken, die so hell waren wie seine eigenen, die breiten Schultern . . .

»Du bist es, Patroklos?«, stieß er hervor, von Schrecken und Freude zugleich gepackt. »Bist du aus dem Reich des Hades zurückgekehrt?«

Die Erscheinung nickte traurig. »Ich muss drunten am schrecklichen Strom des Tartaros herumirren. Die Schatten scheuchen mich fort, wenn ich mit ihnen den Nachen besteigen will, der sie ans andere Ufer bringt: denn mein Leib liegt noch unbegraben. Ich bitte dich, übergib ihn schnell dem Feuer, damit ich Ruhe finde! Und noch eines: Du wirst mir bald folgen! Dann soll man deine und meine Gebeine in die große goldene Urne legen, die deine Mutter Thetis dir geschenkt hat. Willst du mir diesen Wunsch erfüllen?«

»Ich schwöre es dir!«, antwortete Achilleus und die Tränen stiegen ihm in die Augen. Er streckte die Hände aus! »Komm näher, damit ich dich noch einmal umarme!«

Aber da verschwand die geliebte Gestalt mit einem leisen Schwirren wie ein Gebilde aus Rauch.

Achilleus sah, dass die Dämmerung schon grau am Himmel stand. –

Ein wenig später brachen die Männer mit Maultieren, Äxten und geflochtenen Seilen auf, um in den Wäldern am Berge Ida Bäume zu fällen.

Als die Sonne im Mittag stand, hatten sie auf einem flachen Hügel außerhalb des Lagers einen mächtigen Holzstoß errichtet.

Schweigend, in dichten Reihen standen die Achaier rings im Kreis.

Als alles bereit war, nahm Achilleus seinen toten Freund auf die Arme, trug ihn die steile Brücke hinauf und legte ihn behutsam genau in der Mitte nieder, damit man später, wenn das Feuer erloschen war, seine Gebeine leicht finden könne. Zu Häupten des Toten blieb er stehen.

»Ich habe mein Versprechen gehalten, Patroklos«, sagte er, »mein Dolch hat die zwölf troischen Krieger getötet, damit sie dich zum Hades begleiten müssen.«

Und er winkte den Knechten, die Toten heraufzuschaffen und sie an den äußersten Rand des Scheiterhaufens zu legen.

»Du sollst auch nicht ohne deine Pferde und deine Lieblingshunde sein«, fuhr er fort und die Gefährten legten die getöteten Tiere rings um Patroklos nieder.

Auch Krüge voll Öl und Honig stellten sie ihm an die Seite und umgaben ihn mit dem Fleisch und Fett geschlachteter Schafe und Rinder.

Als alles nach Sitte und Brauch getan war, umschritt Achilleus einmal den Toten.

Unverwandt blickte er hinab in das stille Gesicht. Der Schmerz um den geliebten Freund überfiel ihn abermals mit schrecklicher Gewalt – und der Zorn gegen den, der ihn getötet hatte.

»Noch etwas will ich dir sagen, Patroklos«, begann er, zum letzten Mal zu reden. »Vielleicht vermagst du, dich im Dunkel des Totenreiches darüber zu freuen: Hektor wird nicht das Feuer verzehren – nein, ihn sollen die Hunde zerreißen!«

Er wandte sich um und stieg die Brücke hinab.

Jemand reichte ihm eine brennende Fackel. Abgewandten Gesichts hielt er sie an die dürren Reisigbündel am Fuß des Scheiterhaufens.

Alsbald begannen die Flammen emporzuzüngeln. –

Niemand kümmerte sich um den toten Hektor, der verlassen zwischen den Zelten lag.

Da ließen sich ungesehen Phöbos Apollon und Aphrodite neben ihm nieder.

Sie salbten ihn mit Nektar und Ambrosia und bestrichen seine

Haut vom Kopf bis zu den Füßen mit Balsam, der vor Verwesung schützte.

Indessen war es Nacht geworden, die Hunde streunten im Lager umher und witterten nach dem Toten. Aber sie wagten sich nicht zu nähern. Mit scheuem Gewinsel schlichen sie in der Ferne vorüber. –

Achilleus hatte die Gefährten fortgeschickt. Er selber wachte die ganze Nacht, schritt um das Feuer und rief viele Male den Namen des toten Freundes.

Der Morgen dämmerte schon, da erloschen allmählich die Flammen. Er streckte sich neben dem Holzstoß auf der Erde aus und schlief todmüde ein. –

Als er erwachte, umstanden ihn die anderen Fürsten und viele Krieger.

Er sah, dass der Holzstoß zu Glut zusammengesunken war, und befahl, die Glut mit Wein zu löschen.

Dann ließ er die goldene Urne mit den zwei Henkeln, die seine Mutter ihm geschenkt hatte, aus dem Zelt holen und bat die vertrautesten Gefährten, mit ihm die Gebeine zu sammeln.

»Wir wollen die Urne noch nicht für immer verschließen und auch kein Grabmal aus Stein darüber errichten«, sagte er. »Denn später, wenn ich selbst zum Hades hinabgestiegen bin, sollt ihr auch meine Gebeine in diese Urne legen und uns beiden einen hohen Hügel aufschütten – diejenigen von euch, die dann noch am Leben sind«, fügte er leise hinzu. –

Als sie über der Urne einen Hügel aus Erde aufgeschichtet hatten, riefen die Herolde zu den Kampfspielen auf, die zu Ehren des Toten stattfinden sollten.

Sie begannen mit einem Wagenrennen, an dem die besten Lenker mit den schnellsten Pferden teilnahmen.

Diomedes lenkte das herrliche Gespann, das er jüngst von Aeneas erbeutet hatte. Niemand zweifelte, dass er das Rennen gewinnen würde.

Antilochos lenkte die Pferde seines Vaters, die aus der berühmten Zucht von Pylos stammten. Er war schon in seiner frühesten Jugend bekannt wegen seiner Fahrkunst, die ihm angeboren schien.

Menelaos hatte die windschnelle Stute Aithe und Agamemnons stärksten Hengst Podargos an seinen Wagen geschirrt, ein sieggewohntes Gespann.

Der Vierte war Eumelos, der sich rühmte, seine Rosse seien noch in keinem Rennen geschlagen worden; aber er war ein eitler Prahler. Als Letzter meldete sich Meriones; er fuhr aus Freude am Rennen, an einem Preis lag ihm nicht viel.

Die Strecke, die Achilleus für den Kampf der Wagen bestimmt hatte, war keineswegs leicht zu fahren.

Sie zog sich in einem weiten Kreis rings um das Lager, über Stock und Stein, über Hügel und Gräben, wie es sich gerade traf.

Aber am Ziel lockten kostbare Preise: eine schöne, kunstfertige Sklavin, eine goldbraune Stute mit weißer Mähne und langem weißem Schweif, ein Wunder an Schönheit und Schnelligkeit; ein Dreifuß mit einem ehernen Kessel. Zwei Talente Goldes waren für den Vierten bestimmt und selbst der Fünfte sollte noch zum Trost eine silberne Schale erhalten.

Man hatte in aller Eile ein Gerüst errichtet, auf dem jetzt die Fürsten saßen, unter ihnen Achilleus: denn für ihn geziemte es sich nicht, an den Wettkämpfen teilzunehmen. Zu beiden Seiten der Bahn standen dicht gedrängt die Krieger.

Die fünf Gespanne hielten dicht nebeneinander, die Pferde tänzelten aufgeregt, mit spielenden Ohren, und ihre Lenker warteten, die Zügel straff angezogen, jede Sehne gespannt, auf das Zeichen zum Beginn des Rennens.

Jetzt hob Achilleus den Arm und senkte ihn mit einem schnellen Ruck.

Im selben Augenblick rasten die Gespanne los.

Aber es wurde ein recht wunderliches Rennen.

Eine Weile sah es wahrhaftig aus, als könnte niemand Eumelos den Sieg streitig machen. Wie der Wind flogen seine Rosse vor den anderen her, ihre Hufe schienen kaum den Boden zu berühren.

Freilich war Diomedes so dicht hinter ihm, dass er den heißen Atem der weißen Stuten im Nacken fühlte.

Gleich darauf jagten sie schon Kopf an Kopf dahin. Die Krieger brüllten vor Freude, denn sie hätten den Sieg gerne Diomedes gegönnt.

Aber just als er im Begriffe war, Eumelos zu überholen, riss ihm Phöbos Apollon, der sich blitzschnell hinter ihn auf den Wagen geschwungen hatte, die Geißel aus der Hand und schleuderte sie fort: denn er zürnte Diomedes, der es gewagt hatte, gegen ihn anzustürmen.

Da sie nicht mehr angetrieben wurden, fielen seine Pferde alsbald zurück. Diomedes stieß eine Verwünschung aus, als er merkte, dass Eumelos einen immer größeren Vorsprung gewann.

Aber auch Eumelos freute sich zu früh des Sieges.

Pallas Athene hatte Apollons Streich beobachtet: Sie fing die Geißel im Flug auf und warf sie Diomedes wieder zu. Dann flog sie nach vorne zu Eumelos, brach sein Wagenjoch entzwei und die Pferde stoben, die Deichsel am Boden schleifend, in wilden Sprüngen davon.

Eumelos stürzte kopfüber vom Wagen. Gesicht und Hände zerschunden, raffte er sich auf und rannte hinter seinem schleudernden Gespann her. Der Zorn trieb ihm die Tränen in die Augen, als Diomedes triumphierend an seiner linken Seite vorüberjagte, während ihn rechts mit einem lauten Warnungsruf Antilochos überholte, so nahe, dass ihn das Rad noch streifte.

Einen Augenblick später befand sich auch Menelaos auf gleicher Höhe mit den beiden anderen Gespannen.

Jetzt lag eine ziemlich lange gerade Strecke vor den drei Wagen, die nebeneinander dahinrasten, in eine Wolke von Staub eingehüllt. Sand, von den Hufen emporgeschleudert, überschüttete die Lenker; manchmal schnellten die Räder in die Höhe, um gleich darauf krachend in einen Graben zu springen.

Und dann wurde die Bahn plötzlich eng. Felsblöcke lagen an ihrem Rande, an der anderen Seite eine tiefe Furche, die das Wasser im Frühling aufgerissen hatte.

Unterdessen war Diomedes aber den beiden anderen schon wieder um eine Wagenlänge voraus – die unbesiegbaren weißen Stuten stürmten auf die Engstelle zu, sausten hindurch und flogen unaufhaltsam dem Ziel entgegen. Nein, sie konnte niemand mehr einholen.

Menelaos und Antilochos jagten dicht nebeneinander auf die Enge zu. Aber sie war zu schmal für zwei Wagen! Menelaos sah es mit Schrecken.

»Gib acht!«, schrie er, als sie nur noch einen Speerwurf von ihr entfernt waren und immer noch Rad an Rad vorwärtsrasten.

Im nächsten Augenblick mussten die Wagen an den Felsen zerschellen oder splitternd und krachend in den Graben stürzen!

Zähneknirschend warf sich Menelaos nach rückwärts und zog die Zügel an.

Während seine Pferde zurückprallten, schwang Antilochos die

Geißel, geschickt die Gelegenheit nützend. Er besaß noch die Verwegenheit der Jugend und vertraute den Hengsten aus Pylos und seiner Fahrkunst.

Um eines Fingers Breite vom Felsen und vom anderen Wagen entfernt, schoss sein Gespann durch die Enge.

Es kam um zwei Wagenlängen hinter Diomedes ins Ziel, nur knapp vor Menelaos, der sehr zornig war.

»Du hast mich überlistet, Antilochos!«, schrie er. »Du wusstest genau, dass ich nachgeben würde, ehe uns beide samt Pferden und Wagen dort an den Felsen das Verderben ereilte!«

»Es ist nicht meine Schuld, dass du weniger Mut hattest«, antwortete Antilochos trotzig. »Die Stute gehört mir, denn ich bin als Zweiter ins Ziel gekommen!«

Während sie noch stritten, kam Eumelos, dem es wunderbarerweise gelungen war, seine Pferde wieder einzufangen. Er hinkte und sah kläglich aus mit seinem zerschundenen Gesicht.

Zuletzt erschien, gemächlich und vergnügt, Meriones. Er nahm zufrieden seine silberne Schale in Empfang. »Der letzte Preis hat sein Gutes!«, lachte er. »Niemand wird ihn mir streitig machen!«

Unterdessen aber hatte Antilochos ernsthaft nachgedacht; und so gern er die schöne Stute besessen hätte, so schien ihm doch, das Recht sei nicht ganz auf seiner Seite. Hätte Menelaos ebenso verwegen wie er selbst sein Gespann durch die Enge getrieben – was wäre dann geschehen?

Und weil Antilochos den gerechten Sinn seines Vaters geerbt hatte, trat er jetzt auf Menelaos zu. »Du weißt, ich bin viel jünger als du: Darum fehlt mir zuweilen die Einsicht«, sagte er freimütig. »Du hast besonnener gehandelt als ich! Sonst lägen wir beide vielleicht jetzt unter den Trümmern unserer Wagen.«

Aber auch Menelaos waren allerlei Gedanken gekommen. Er sah

Antilochos freundlich an und schüttelte den Kopf. »Du und dein Vater – ihr habt für mich gekämpft und viel erduldet – da ist es nur recht und billig, dass du die Stute behältst.« – So erhielt jeder, was ihm zukam, und die Herolde riefen zum nächsten Kampf.

Achilleus ließ ein starkes Maultier herbeiführen und verkündete, es sei für den Sieger im Faustkampf bestimmt.

Sogleich trat ein Mann aus den Reihen der Krieger hervor, den alle staunend betrachteten. Er war ein wandernder Fleischberg und sein Gesicht verriet geringen Verstand.

Er legte sogleich seine riesige Tatze auf die Kruppe des Maultieres und sagte gleichmütig: »Ich glaube, es gehört schon mir. Will es aber einer haben, so mag er herkommen!«

Nein, beim Hades, es gelüstete niemanden, diese Fäuste zu fühlen. Aber endlich trat Euryalos vor: Es erschien ihm schimpflich, dass niemand diesen Koloss mit dem dümmlichen Gesicht anzugreifen wagte.

Freilich reute es ihn schnell; und als der kurze Kampf vorüber war, hob ihn der Riese wie ein Strohbündel vom Boden auf und hielt ihn vor sich hin, bis seine Freunde herbeieilten und den armen Euryalos vom Kampfplatz trugen.

Danach wurde der Ringkampf ausgerufen. Odysseus und Ajax Telamonssohn meldeten sich im gleichen Augenblick. Sie lachten, als sie es bemerkten.

Es war sehr still unter der Menge, als die beiden berühmten Helden einander gegenüberstanden.

Vielleicht war Ajax ein wenig stärker, aber Odysseus übertraf ihn an Gewandtheit. So zog sich der Kampf hin, keiner vermochte den anderen zu besiegen. Der Schweiß lief ihnen in Strömen über Brust und Rücken und ihre Rippen knackten unter dem harten Druck der Arme. Stürzte einer nieder, so ließ er darum den andern nicht los; er riss ihn mit sich und sie wälzten sich miteinander auf der Erde.

Gelang es einem, den Gegner hochzuheben, dann stieß ihm der andere den Fuß hinten ins Knie und beide krachten zu Boden. Beulen und Striemen, blau und rot, schmückten schon überall die Haut der erbitterten Kämpfer.

Die Zuschauer begannen, unruhig zu werden. Da erhob sich Achilleus. »Haltet ein!«, rief er. »Ihr verdient beide den Siegespreis!« Und er befahl, zwei gleiche eherne Dreifüße mit schön geschmiedeten Kesseln herbeizubringen.

Indessen waren schon die Kämpfer zum Wettlauf angetreten. Ajax, der Lokrer, Antilochos und abermals der unermüdliche Odysseus.

Ajax war sehr schnell; aber er hatte leider vergessen, die Götter um gutes Gelingen zu bitten. So widerfuhr ihm denn auch ein gewaltiges Missgeschick. Als die Läufer kurz vor dem Ziel an einen Rasenplatz kamen, auf dem zuvor Rinder geweidet hatten, trat sein Fuß in ein Häuflein Mist, der sehr schlüpfrig war.

Das kostete ihn den Sieg. Er stürzte, und als er wieder in die Höhe kam, war er eine ziemliche Weile damit beschäftigt, Gesicht und Hände notdürftig zu reinigen, während die Zuschauer lachten.

Den Siegespreis erhielt Odysseus: denn er hatte Pallas Athene angerufen: »Erhabene Göttin, komm meinen Füßen gnädig zu Hilfe!« –

Noch stand der Speerkampf bevor. Als sich Diomedes und Ajax Telamonssohn meldeten, ging ein besorgtes Gemurmel durch die Reihen der Umstehenden: denn sie kannten ihre beiden Helden. »Der Kampf soll dauern, bis einer verwundet ist und Blut fließt!«, hatte Achilleus verkündet: Aber mit einer leichten Wunde würde dieser Kampf nicht enden, das wusste jedermann.

Sie rannten dreimal gegeneinander. Aber Ajax trug den riesigen siebenschichtigen Schild, den keine Waffe durchdrang.

Da versuchte Diomedes, ihn oberhalb des Schildrandes zu treffen.

Aber eine Wunde am Hals konnte sehr leicht für Ajax den Tod bedeuten.

Beim vierten Mal flog die Lanze haarscharf an seiner Kehle vorüber.

Da begannen die Krieger, zu murren und zu rufen; Achilleus nickte und hob den Arm: Das Kampfspiel durfte nicht zu einem Spiel mit dem Leben werden!

Als Preis waren Sarpedons kostbare Rüstung und seine Waffen ausgesetzt, die Patroklos erbeutet hatte.

So erhielt Ajax den silbernen Harnisch, den Helm und die Beinschienen, Diomedes die Lanze, den Schild und das Schwert mit dem goldbeschlagenen Gehänge.

Viele drängten sich jetzt heran zum Kampf mit dem Diskos, der schweren Wurfscheibe: denn dieses Spiel liebten die Männer besonders. Den Sieg aber errang ein junger Krieger namens Polypoites.

Zuletzt sollten noch die besten Bogenschützen ihre Kunst zeigen. Aber nur Teukros und Meriones waren dazu bereit. Denn es galt, eine Taube zu treffen, die, an einen dünnen Faden gefesselt, hoch in der Luft hin und her flatterte.

Jedermann wusste, wie schwierig dieser Schuss war.

Teukros schoss als Erster. Doch er hatte dem Gott mit dem silbernen Bogen kein Opfer verheißen: denn er war Apollon gram, der stets die Troer behütete.

So kam es, wie es kommen musste.

Teukros, der beste Bogenschütze der Achaier, traf nicht die Taube, sondern sein Pfeil durchschnitt den Faden dicht an ihrem Fuß und sie flog wie der Blitz davon, begleitet von den Verwünschungen des wütenden Schützen.

Meriones hingegen hatte in kluger Voraussicht ein Lamm geschlachtet und Phöbos Apollon gelobt, es sogleich zu opfern, wenn er ihm den Sieg verleihe.

Eine andere Taube wurde an den Faden gebunden und flatterte ängstlich in der Höhe hin und her.

Meriones zielte und schnellte den Pfeil von der Sehne. Die Taube schlug noch einmal mit den Flügeln, dann stürzte sie wie ein Stein herab. Meriones nahm den Siegerpreis in Empfang – zehn zweischneidige Äxte – und legte das Lamm auf Phöbos Apollons Altar: denn er war ein Mann, der zu seinem Wort stand.

14 Die Kampfspiele waren vorüber und die Menge hatte sich verlaufen.

Die Dämmerung brach an, westwärts stand der erste Stern am Himmel, langsam zog die Nacht herauf.

Eine große Ruhe lag über Land und Meer, als gäbe es weder Krieg noch Hass und Feindschaft auf der Erde.

Die Krieger schliefen in den Zelten.

Nur Achilleus schlief nicht.

Er warf sich auf seinem Lager hin und her, starrte in die Dunkelheit und dachte an Patroklos, der nie wiederkommen würde.

In seinem Innern tobten Schmerz und Zorn jetzt in der Stille mit doppelter Gewalt. Da draußen zwischen den Zelten lag Hektor, der seinen Freund erschlagen hatte! Wieder stieg der unmenschliche Hass in ihm auf.

Es war, als treibe ihn ein böser Dämon. Er erhob sich und ging hinaus.

Er sah Brisëis nicht, die am äußeren Rand an der Zeltwand kauerte.

Sie war immer da gewesen, seit sie zurückgekommen war. Geduldig und traurig hatte sie gewartet, allein Achilleus hatte sie nicht einmal bemerkt. Es schien, als habe er sie vergessen.

Er ging auch jetzt achtlos an ihr vorüber, trat in den Vorhof hinaus, den die Myrmidonen mit einem Zaun aus hohen Pfählen umgeben hatten, und öffnete das Tor.

Ein wenig entfernt standen die Wagen und daneben schliefen die Pferde. Er rief Xanthos und Balios leise an. Sie sprangen sogleich auf und kamen auf ihn zu.

Achilleus schirrte sie an den Wagen und führte sie dahin, wo Hektor lag.

Alles was er tat, geschah wie in einem Albtraum oder als wäre er nicht ganz bei Sinnen.

Er band den Toten an den Wagen und fuhr aus dem Lager zum Grabhügel, der sich schwarz gegen den Himmel erhob.
Langsamen Schrittes ließ er die Pferde dreimal um das Grab gehen.
Dann kehrte er zurück zu den Zelten, band den Leichnam, der ganz mit Erde bedeckt war, los und ließ ihn liegen, wo er lag. –
Phöbos Apollon hatte sein schreckliches Tun beobachtet. Wutentbrannt begab er sich auf den Olympos und schreckte die anderen Unsterblichen aus dem Schlaf.
»Was seid ihr für Götter?«, schrie er. »Darf dieser Wüterich Achilleus, der so wenig Mitleid kennt wie ein Löwe, Hektor noch nach seinem Tode so entehren – nur weil ihr die Troer hasst?«
Hera und Athene schwiegen. Apollon sprach die Wahrheit: Sie hassten die Troer seit dem Tag, als Paris sie so tief in ihrer Eitelkeit gekränkt und den Preis der Schönheit nicht einer von ihnen, sondern Helena zugesprochen hatte.
Zeus aber sagte: »Ich hasse dieses Volk nicht – und schon gar nicht Hektor, der einer der besten unter den Sterblichen war. Was Achilleus tut, gefällt mir keineswegs und es gereicht auch ihm selber nicht zur Ehre. Ich will nach seiner Mutter Thetis senden und ihm Einhalt gebieten lassen.«
Er winkte Iris, der Botin, die eilig verschwand. Wie ein Pfeil flog sie zur Erde und tauchte in die Tiefe des Meeres hinab. Die Nymphe saß trauernd in ihrem Palast, denn sie wusste, dass die Tage ihres Sohnes gezählt waren.
Aber sie folgte Iris ohne Zögern zum Berg der Götter.
Zeus redete sie freundlich an, denn er kannte ihren Kummer. »Ich habe dich rufen lassen, weil ich einen Auftrag für dich habe«, sagte er dann sehr ernst. »Ich will nicht länger zusehen, wie dein Sohn in seinem rasenden Zorn Hektor und sich selber Schmach

zufügt. Überbringe Achilleus meinen Befehl, Hektor den Troern zurückzugeben, damit sie ihn ehrenvoll bestatten können! Priamos aber will ich Botschaft senden, er möge sich mit reichen Geschenken zu Achilleus begeben und ihn bitten, seinen Sohn herauszugeben.«

Thetis nahm Abschied und kehrte zur Erde zurück. Als sie zu den Schiffen kam, stand die erste Morgenröte am Himmel.

Sie fand Achilleus im Zelt, müde von der durchwachten Nacht.

»Wie lang willst du dich noch so quälen?«, fragte sie mitleidig. »Du weißt, dein Leben währt nur noch kurze Zeit! Schon zürnt dir Zeus Kronion, weil du nicht von deinem Hass gegen Hektor lassen kannst. Ich habe dir seinen Befehl zu überbringen: Du sollst Hektor herausgeben, wenn Priamos zu dir kommt und dich darum bittet!« Achilleus fuhr auf, als wolle er zornig widersprechen.

Aber plötzlich schien er sich zu besinnen. »Was vermag ich gegen Zeus Kronion?«, sagte er düster. »So mögen sie Hektor holen: Ich werde sie nicht hindern. Patroklos wird mir vergeben, da ich nicht anders kann!« –

Zur selben Stunde betrat Iris den Königspalast in Troja.

Sie kam in den inneren Hof, da sah sie Priamos ausgestreckt vor dem Altar der Götter, das Gesicht gegen die Erde gewandt, das Haar mit Asche bestreut, tief in seinen Schmerz versunken. Er fuhr auf, als sie ihn leise anredete.

Sie ließ sich neben ihm nieder. »Fürchte dich nicht, König Priamos!«, flüsterte sie. »Ich bringe dir willkommene Botschaft von Zeus! Achilleus wird dir Hektor zurückgeben, wenn du ihn darum bittest und ihn mit reichen Geschenken zur Milde bewegst. Begib dich sogleich ins Lager hinab! Nimm aber nur einen alten Diener mit dir, der den Wagen lenkt, auf dem du die Geschenke mitführst und später deinen Sohn heimbringst. Die Achaier werden dich in Frieden lassen: denn Zeus sendet dir Hermes, den freundlichen Gott, als Begleiter. Und sobald du das Zelt des Peliden betreten hast, schützt dich das Gastrecht, das Achilleus niemals brechen wird!«

Im nächsten Augenblick war Iris verschwunden.

Priamos erhob sich. Hatte er geträumt? Aber gleichviel, auch Träume sandten die Götter!

Zum ersten Mal seit Hektors Tod kam ein wenig Trost in sein Herz und er beschloss, augenblicklich der Weisung zu folgen.

Er ging in den Palast, rief die Diener und befahl ihnen, die Pferde an seinen Wagen zu schirren und einen hochwandigen Maultierkarren bereitzustellen.

Dann begab er sich in das Schatzhaus, nahm aus den riesigen Truhen zwölf kostbare Teppiche, zwölf Gewänder aus feinem Linnen und zwölf wollene Leibröcke.

Unter den kunstvoll geschmiedeten Kesseln, Dreifüßen und Trinkgefäßen wählte er die schönsten aus und fügte noch zehn Talente Goldes dazu. Während er durch die zedernholzgetäfelten Kammern ging, in denen der Schatz der troischen Könige verwahrt wurde, trat Hekabe ein.

Sie betrachtete ihren Gemahl mit Verwunderung. »Willst du mir nicht sagen, was das bedeutet?«

Er stellte die goldene Schale, die er gerade in den Händen hielt, zu den anderen Geschenken.

»Es bedeutet, dass ich sogleich mit diesen Gaben in das Lager der Achaier fahren werde!«, antwortete er.

Hekabe horchte entsetzt auf. Hatte der Schmerz dem König den Verstand geraubt? Doch Priamos fuhr schon hastig fort: »Die Götter haben mir verheißen, dass Achilleus mir Hektor zurückgeben wird, wenn ich ihn selbst darum bitte. Das will ich tun!«

»Wehe mir, dich muss Wahnsinn befallen haben!«, sagte die Königin weinend. »Die Achaier werden dich gefangen nehmen oder gar töten, ehe du Achilleus auch nur zu Gesicht bekommst!«
Er schüttelte entschlossen den Kopf. »Versuche nicht, mich zurückzuhalten: Du tätest es vergebens! Alles ist genau bestimmt!«
Da gab sie die Hoffnung auf.
Ein wenig später hatten die Diener die Geschenke auf den Maultierkarren geladen, den ein alter Herold lenkte, und gleich darauf fuhren die beiden Wagen zum skäischen Tor hinaus. Es dunkelte schon, als sie hinunter in die Ebene kamen.
Priamos trieb die Pferde an, dass der Herold mit den Maultieren ihnen kaum zu folgen vermochte.
Ängstlich blickte er sich nach allen Seiten um und verwünschte den Befehl des Königs, der gerade ihn getroffen hatte. Fuhren sie etwa nicht geradewegs zum Hades?
Als sie am Grabmal des Ilos vorüberkamen, gewahrte er zu seinem Entsetzen plötzlich einen jungen Mann, der leichtfüßig auf sie zulief. Wo war er denn nur mit einem Mal hergekommen?
Der Alte schlug auf die Maultiere ein und trieb sie vorwärts neben den Wagen des Königs!
Er musste ihn warnen, ehe sie unversehens in einen Hinterhalt gerieten!
Aber – es war zu spät.
Der Fremde stand schon vor den Pferden. Er war schön und sah freundlich aus, auch schien er unbewaffnet. Nur einen goldenen Stab trug er in der Hand.
Die Pferd waren von selbst stehen geblieben: Das schien dem Herold seltsam.
Und jetzt – fast quollen dem Alten die Augen aus dem Kopf –, jetzt trat der Bursche an den Wagen heran, ergriff ganz zutraulich

die Hand des Königs und redete ihn an. »Was tust du hier so allein in der Nacht, ehrwürdiger Greis? Fürchtest du nicht die Achaier? Ihr seid beide alt, du und dein Begleiter, und ihr könnt euch nicht verteidigen. Und was für Schätze führt ihr da auf dem Wagen mit? Wollt ihr sie etwa aus der bedrohten Stadt in Sicherheit bringen? Verlasst ihr schon Troja, nachdem euer edelster Held gefallen ist?«

Priamos horchte verwundert auf. »Du sprichst von Hektor, als hättest du ihn gekannt!«

Der Fremde lächelte im Dunkeln. »Ich habe ihn oft in der Schlacht gesehen. Und jetzt – ich komme gerade aus dem Lager der Achaier: Auch dort habe ich Hektor gesehen«, fügte er behutsam hinzu.

Priamos zuckte zusammen. »So sage mir, Jüngling, hat Achilleus in seinem entsetzlichen Zorn auch den Toten noch misshandelt?«, fragte er hastig.

»Zwar schleifte Achilleus ihn mitleidlos nachts um das Grab seines Freundes«, antwortete der Fremde ernst. »Aber die Götter haben sich Hektors angenommen und ihn vor Entstellung bewahrt. Seine Wunden haben sich geschlossen und er sieht aus, als schlafe er!«

Priamos atmete auf.

In diesem Augenblick kam ihm ein Gedanke. Schnell beugte er sich hinüber zum Maultierkarren, ergriff einen goldenen Becher und reichte ihn dem Fremden. »Da du aus dem Lager kommst, weißt du gewiss, wo das Zelt des Peliden steht«, sagte er. »Ich bitte dich, führe uns zu ihm! Du sollst diesen kostbaren Becher als Lohn erhalten!«

Zu seiner Verwunderung erschien es Priamos, als lache der Fremde leise. Aber er musste sich wohl geirrt haben. »Ich danke dir«, kam die Stimme ganz ernsthaft aus der Dunkelheit, »aber es ist mir verwehrt, Geschenke anzunehmen. Doch will ich dich gerne zu Achilleus führen. Es ist meine Freude, die Menschen sicher zu geleiten«, fügte er hinzu.

Schon hatte er sich auf den Wagen geschwungen und dem König die Zügel aus der Hand genommen.

Wie der Wind stoben die Pferde davon. Priamos versuchte, in der Dunkelheit das Gesicht seines seltsamen Gefährten zu erkennen.

Eine Ahnung hatte ihn überkommen, wer es war. »Zeus sendet dir Hermes, den freundlichen Gott, als Begleiter!«, so hatte die olympische Botin gesagt. –

Im Handumdrehen erreichten sie das Lager. Aber wie sollten sie an den Wachen vorüberkommen?

Priamos konnte nicht sehen, wie der Fremde jetzt mit dem goldenen Stab, den er in der Linken hielt, ein paar schnelle Kreise durch die Luft zog.

Er konnte auch nicht wissen, dass daraufhin alsbald die Wachen auf der Mauer, bei den Wagen und vor den Zelten einschliefen.

So fuhren sie mitten durch das Lager und niemand hielt sie auf. Bei den Schiffen der Myrmidonen brachte der Fremde die Pferde zum Stehen.

»Dort ist das Zelt des Peliden«, sagte er. »Aber du musst allein zu ihm gehen: denn ich kann dich nicht weiter begleiten. Nur selten betreten ja die Unsterblichen die Wohnstätten der Menschen.«

Dann war er fort und Priamos fühlte sich seltsam mutlos und verlassen.

Aber er raffte sich sogleich wieder auf und ging auf das Zelt zu, aus dem leise Stimmen drangen.

Kein Wächter stand am Eingang. So hob er den Vorhang und betrat den äußeren Raum. Auch da schien niemand zu sein. Allein plötzlich hörte er ein Geräusch: Dicht vor ihm sprang eine schmale dunkle Gestalt auf, die da an der Zeltwand auf dem Boden gekauert war. Es sah aus, als wolle sie ihm den Eintritt in den Innenraum verwehren, aus dem schwacher Lichtschein drang. Aber dann stieß sie einen leisen überraschten Ruf aus, als hätte sie ihn erkannt. Im nächsten Augenblick war sie verschwunden. Es mochte wohl eine Dienerin sein, dachte er und vergaß sie sogleich wieder.

Mit einem tiefen Atemzug schob er den Vorhang zur Seite. Die drei Männer, die drinnen am Tisch saßen, verstummten mitten im Wort und starrten ihn an, als wäre er dem Totenreich entstiegen.

Dann erhob sich Achilleus und kam langsam auf ihn zu. »Du wagst es, selbst in das Lager der Achaier zu kommen?«, sagte er, als könnte er nicht glauben, was er sah. »Wahrhaftig, dich muss ein Gott beschützt haben, sonst lägest du schon mit Riemen gefesselt in Agamemnons Zelt oder dein Leib wäre von einem Dutzend Lanzen durchbohrt!«

Priamos antwortete nicht. In seinem Innern tobte ein schrecklicher Kampf. Da war dieser Mann, der ihm einen so furchtbaren Schmerz zugefügt hatte wie niemand sonst. Und den er jetzt bitten musste . . .

Mit einem Schritt stand er dicht vor Achilleus, warf sich vor ihm nieder und ergriff seine Hände. Diese Hände hatten Hektor getötet. Nun lag seine Stirn darauf und sein Haar fiel darüber hinab.

»Sieh mich an, Achilleus!«, sagte Priamos und jedes Wort kostete ihn unsägliche Mühe. »Vielleicht ist noch nie ein Sterblicher so vor dem Mann auf den Knien gelegen, der seinen Sohn erschlagen hat! Lass mich nicht vergebens hier knien! Denke an deinen eigenen Vater, der wohl ebenso alt ist wie ich. Ich hatte viele Söhne. Fast alle hat der Krieg verschlungen! Hektor war der beste von ihnen. Du hast ihn mir genommen. Ich bitte dich, gib ihn mir zurück und nimm die Geschenke an, die draußen auf dem Wagen liegen! Genügen sie dir nicht, so fordere, was du willst! Du sollst es erhalten!«

Achilleus stand noch immer da, ohne sich zu rühren, als Priamos schwieg.

Er blickte hinab auf das weiße Haar und fühlte das Zittern der Hände, die die seinigen umklammerten.

Und plötzlich konnte er nicht mehr ertragen, den alten Mann da drunten knien zu sehen.

Zum ersten Mal, seit Patroklos gestorben war, kam es ihm zu Sinn, dass der greise König viel größeres Leid erduldet hatte als er selbst.

Da war es, als zerspringe ein eherner Ring, der sein Herz umschlossen hatte.

Ein großes Mitleid stieg in ihm auf und eine gute Wärme, die er lange nicht gekannt hatte.

Ganz sanft entzog er dem König seine Hände und hob ihn auf. »Ich bitte dich, setze dich hier auf den Sessel!«, sagte er ehrerbietig. »Dir ist viel Böses widerfahren! Aber wir müssen alle tragen, was die Götter über uns verhängen. Du hattest viele Söhne: Viele sind dir genommen worden. Mein Vater hat nur einen einzigen – mich selbst! Und ich werde nicht heimkehren, um in seinem Alter für ihn zu sorgen! Nun aber sollst du mit mir essen und trinken – denn das müssen wir bei allem Kummer – und dann erweise mir die Ehre, in meinem Zelt zu schlafen! Morgen, beim ersten Frührot, magst du deinen Sohn heimbringen nach Troja.«

Priamos vernahm es mit unsäglicher Erleichterung.

Achilleus ging hinaus, rief Knechte und Mägde herbei und befahl ihnen, die Geschenke ins Zelt zu tragen, doch sollten sie zwei kostbare Teppiche und ein Gewand aus weißem Linnen zurückbehalten, um den Leichnam einzuhüllen, nachdem sie ihn noch einmal gewaschen und gesalbt hatten.

Als alles geschehen war, hob er selbst den Toten auf und legte ihn auf den Maultierwagen.

Ein Knecht mit einer Fackel leuchtete ihm, als er später durch den Vorraum zurückging.

Da sah er Brisëis. Sie kauerte an der Zeltwand und blickte zu ihm herauf. Ihr Gesicht war schmal geworden und ihre Augen waren dunkel vor Traurigkeit.

Es tat gut, sie zu sehen, dachte er, und fast wollte ihn ein Gefühl von Glück überkommen – wie früher stets, wenn sie da war. Im Vorübergehen strich er über ihr Haar und sie fasste schnell seine Hand. Über ihr Gesicht flog ein schüchternes Lächeln. –

Unterdessen hatten die Gefährten Fleisch, Brot und Wein bereitgestellt, und als sie gegessen und getrunken hatten, sagte Achilleus: »Wie viele Tage gedenkst du, Hektors Bestattung zu feiern, König Priamos? So lange werde ich die Achaier vom Kampf zurückhalten!«

»Ich danke dir!«, antwortete Priamos. »Wenn du es mir vergönnst, will ich also neun Tage lang die Totenklage halten lassen. In der Zwischenzeit sollen die Männer aus den Wäldern am Berge Ida Holz herbeischaffen und die Steinblöcke für das Grabmal behauen. Am zehnten Tag werden wir Hektor dem Feuer übergeben und am elften den Hügel errichten. Am zwölften mag der Kampf wieder beginnen, da er uns nun einmal nicht erspart bleibt.« –

In dieser Nacht schlief Priamos zum ersten Mal wieder seit Hektors Tod. Er schlief unter dem Schutz des schrecklichsten Feindes der Troer sicher wie in seinem Palast.

Aber als kaum das erste Frührot am Himmel erschienen war, weckte ihn Hermes, der freundliche Gott. »Steh auf und bereite

dich schleunigst zur Heimfahrt! Achilleus hat dich geschont: Aber glaube ja nicht, dass Agamemnon und die anderen Achaier das auch tun werden, wenn sie dich zu Gesicht bekommen!«
Sie gelangten jedoch mithilfe des Gottes ungesehen aus dem Lager und schlugen den Weg zur Stadt ein.
Am Ufer des Skamandros nahm Hermes Abschied und kehrte zurück zum Olympos. –
Auf Mauern und Türmen und in den Gassen von Troja drängte sich das Volk, als die Wagen durch das skäische Tor fuhren. Wo sie vorüberkamen, erhob sich lautes Klagegeschrei.
Kaum wich die Menge vor den Hufen der Pferde und Maultiere zurück.
Endlich kamen sie an den Hof des Königspalastes. Man trug den Toten in den Saal mit den goldenen Säulen und legte ihn auf das Prunkbett, auf dem er nun neun Tage ruhen sollte.
Die Sänger warteten schon, stellten sich ringsum im Kreise auf und stimmten die Klagelieder an.
Andromache trat als Erste neben den toten Gemahl. »So jung bist du von uns fortgegangen!«, sprach sie weinend. »Deinen Sohn hast du nicht heranwachsen gesehen und mich einsam und schutzlos zurückgelassen. Wehe uns, niemand rettet nun Troja vor dem Untergang! Die Feinde werden uns fortschleppen und wir müssen in der Fremde niedrige Dienste verrichten!«
»Oh mein Sohn!«, klagte Hekabe. »Keines von meinen Kindern habe ich so geliebt wie dich! Denn du warst herrlicher als sie alle! Warum haben die Götter dir einen so frühen Tod verhängt?«
Drunten an den Säulen standen die Frauen der Priamossöhne. Auch Helena stand da. Und ehe noch eine der anderen vortrat, ging sie schnellen Schrittes auf die Bahre zu, ohne sich um die bösen Blicke und das zornige Gemurmel ihrer Schwägerinnen zu kümmern.

Über ihr schönes Gesicht strömten unaufhaltsam die Tränen.
»Hektor, außer dem guten König Priamos warst du der Einzige in Troja, der mich nicht verfluchte! Nie hast du ein böses Wort zu mir gesprochen! Wenn deine Brüder und ihre Frauen mich beschimpften, hast du mich in Schutz genommen! Ich Arme, nun habe ich niemanden mehr – denn die anderen meiden mich alle!«
So traten sie nacheinander heran: die Männer und Frauen der Königssippe, die Fürsten und Krieger und das ganze Volk von Troja.
Neun Tage lang beweinten sie ihren toten Helden.
Die Holzfäller zogen mit Äxten und Seilen in die Wälder und vor den Mauern erhob sich allmählich ein so gewaltiger Holzstoß, wie noch nie zuvor einer in Troja gesehen worden war.
Die Steinmetzen arbeiteten Tag und Nacht, um die Steinblöcke für das Grabmal zu behauen.
Am zehnten Morgen trug man Hektor hinaus.
Den ganzen Tag und die Nacht hindurch brannte das Feuer auf dem Hügel von Troja.
Als der Morgen dämmerte, löschten die Männer die Glut mit Wein und sammelten die Gebeine.
Man legte sie in eine goldene Truhe und schichtete die schön behauenen Steine zu einem hohen Grabmal darüber auf.
Eine Nacht lang störte nichts die Ruhe des Toten. Am zwölften Morgen aber begannen die Kämpfe wieder. –
Achilleus fiel an einem Tag, als es schon gegen Abend ging. Die Schlacht war vorüber, die Tore waren geschlossen, die Achaier zogen den Hang hinab gegen das Lager.
Da jagte Achilleus noch einmal sein Gespann rings um die Mauern.
Als er an das skäische Tor kam, stand Paris droben auf dem Turm. Er legte einen Pfeil auf die Sehne. Phöbos Apollon sah es und trat hinter ihn.

Und als der Pfeil mit einem leisen Zischen fortflog, lenkte er ihn gegen die Ferse des Peliden. Durch eine seltsame Fügung befand sich dort eine Stelle, an der eine Wunde für Achilleus tödlich war. So starb er, genau wie es ihm geweissagt war: unter dem skäischen Tor, durch einen Pfeil, den Paris abschnellte und Phöbos Apollon lenkte.

Wort- und Sacherklärungen

Die Welt der *Ilias* liegt 3.000 Jahre zurück. Kein Wunder, dass sie sich, zum Beispiel in der Religion und der Lebensweise von der Welt unterscheidet, die wir kennen. Und wenn man die Ilias nacherzählt, kommt man nicht umhin, auch Begriffe zu verwenden, die uns heute fremd oder nicht mehr so geläufig sind. Kaum eine Leserin oder ein Leser wird freilich in der Lage sein, alle Namen von Kriegern und Völkern, die in diesem Werk erwähnt sind, mit konkreten Vorstellungen zu verbinden. In Erinnerung wird nur bleiben, wie viele in diesem sinnlosen Krieg gefallen sind. Die Hauptakteure allerdings wie Agamamemnon, Achilleus, Odysseus, Priamos, Hektor oder Aeneas, und obwohl die Gesellschaft der *Ilias* ganz auf die Heldentaten der männlichen Krieger ausgerichtet ist, sogar Andromache, Hekabe, Helena und Brisëis *(s. Begriffe und Namen),* werden uns im Laufe der Erzählung so vertraut, dass sie keiner weiteren Erläuterung bedürfen. Dagegen verliert man bei den Göttern, die so oft in das Geschehen eingreifen, bisweilen vielleicht den Überblick, sodass sie hier noch einmal kurz vorgestellt werden sollen. Anschließend finden sich noch Erläuterungen zu Begriffen und Namen, die Auguste Lechner in ihrer Nacherzählung verwendet, die aber vielleicht heute nicht jedem geläufig sind.

Götter und Göttinnen

Aphrodite Tochter des Zeus und der Dione, Göttin der Liebe; im Schönheitswettbewerb mit Athene und Hera erkannte Paris ihr den Preis zu, dafür half Aphrodite ihm, die schöne Helena zu gewinnen; Mutter des Aeneas; kämpft aufseiten der Troer.

Apollo(n) auch Phoebos genannt, Sohn des Zeus und der Leto, u. a. Gott der Dichtkunst, Zwillingsbruder der Artemis, kämpft aufseiten der Troer.

Ares Sohn des Zeus und der Hera, Gott des Krieges, steht aufseiten der Troer.

Artemis vgl. *Apollon*, Göttin der Jagd

Athene auch Pallas Athene, Tochter des Zeus, Göttin sowohl des Krieges als auch des Friedens und der Weisheit, kämpft aufseiten der Achaier, vgl. auch *Aphrodite*.

Eos Göttin der Morgenröte, Schwester von *Helios*

Hades Sohn des Kronos, Bruder von *Zeus* und *Poseidon,* bei der Aufteilung der Welt unter die Kronos-Söhne erhielt er die Unterwelt, die nach ihm auch als *Hades* bezeichnet wird.

Helios Gott der Sonne, der tagsüber mit dem Sonnenwagen über die Erde fährt, Bruder der *Eos*

Hephaistos Sohn des Zeus und der Hera, von Geburt an hinkend, fertigt mit seinen Gehilfen, den Kyklopen, in seiner Schmiede kostbare Waffen und Geräte.

Hera Tochter des Kronos. Schwester und Gemahlin des Zeus, kämpft aufseiten der Achaier, vgl. *Aphrodite*.

Hermes Sohn des Zeus, Götterbote

Iris Götterbotin

Leto Mutter von *Apollo* und *Artemis*

Nymphen Töchter des Zeus, Naturgöttinnen, die auf den Bergen, im Meer, in Quellen und Bäumen leben

Olymp(os) s. Begriffsverzeichnis

Pallas Athene s. *Athene*

Phoebos Apollon s. *Apollon*

Poseidon Sohn des Kronos, Bruder von *Zeus* und *Hades,* bei der Aufteilung der Welt unter die Kronos-Söhne erhielt er das Meer, er unterstützt im Kampf um Troja die Achaier.

Skamandros Gott des gleichnamigen Flusses, der Troja zu schützen versucht

Thetis Meernymphe, Nereide, d. h. Tochter des Meergottes Nereus, Mutter des Achilleus

Zeus Kronion der Sohn des Kronos, den er in einem gewaltigen Kampf bezwingt und mit seinen Geschwistern, den Titanen, in die Unterwelt verbannt. Er ist fortan der höchste Gott, teilt aber die Herrschaft mit seinen Brüdern *Hades* und *Poseidon;* in den Kampf um Troja greift er nur ein, wenn es nicht anders geht, ohne dass man ihn einer der beiden Seiten zuordnen könnte.

Begriffe und Namen

Achaier die Griechen aus Achaia, d. h. vom europäischen Festland und den Inseln, die Troja belagern

Aigis der Schild der Göttin Athene

Ambrosia zusammen mit Nektar die Speise und der Trank der Götter

Atriden Söhne des Atreus, in der Ilias die Brüder Agamemnon und Menelaos

Bresche eine große Lücke, z. B. in einer Mauer

Brisëis die Punkte über dem e nennt man Trema, sie zeigen an, dass der Vokal getrennt, also nicht wie in *Eis,* gesprochen wird.

Cheiron s. *Kentauren*

Deiphobos s. *Brisëis*

Dreifuß aus Metall (meist Bronze) hergestelltes, teilweise kostbar verziertes Gestell, um Kesseln, Schalen und Amphoren Stand zu verleihen

ehern aus Erz (nicht in der Bedeutung von metallhaltigem Gestein, sondern aus) *Bronze* oder *Eisen,* wobei zum Teil nicht zu entscheiden ist, was von beiden gemeint ist

Hades Unterwelt, vgl. *Hades* bei *Göttern*

Harnisch Brustpanzer

Hellespont(os) Meerenge zwischen Europa und Kleinasien, heute Dardanellen

Ilion anderer Name für Troja, daher *Ilias*

Kentauren Fabelwesen, halb Mensch, halb Pferd. Wiewohl meist als wild und grausam gedacht, wird der Kentaur Cheiron wegen seiner Weisheit und Heilkunst gerühmt.

Lakedaimon anderer Name für Sparta

Leibrock bezeichnet in dieser Erzählung den griechischen Chiton, ein langes hemdartiges Gewand, das direkt auf dem Körper getragen wurde.

Lokrer Bezeichnung für den kleineren Ajax, welcher der Sohn des Lokrerkönigs Oileus war, zur Unterscheidung vom großen Ajax, der oft auch als Sohn Telamons bezeichnet wird

Nektar s. *Ambrosia*

Nymphen s. unter *Götter*

Olymp(os) höchstes Gebirgsmassiv Griechenlands, Sitz der olympischen Götter

Pelide Achilleus als *Sohn des Peleus*

Talent eine Gewichtseinheit, bezogen auf Gold eine Währungseinheit, ein Talent hatte möglicherweise den Gegenwert eines Ochsen.

Tamariske Gattung von Bäumen und Sträuchern, mit kleinen graugrünen Blättern, gut an Trockenheit angepasst

Tartaros tiefster Teil der Unterwelt, auch Bezeichnung für die Unterwelt selbst, vgl. *Hades*

Auguste Lechner

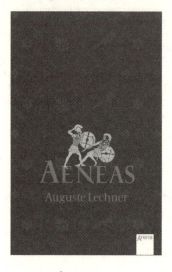

Aeneas

Nach den 12 Gesängen Vergils schildert die Autorin die Flucht des Aeneas aus dem brennenden Troja und seine Irrfahrt auf der Suche nach einer neuen Heimat. Diese findet er schließlich in Italien und er wird zum Stammvater der Römer.

Arena

336 Seiten
Arena-Taschenbuch
ISBN 978-3-401-50200-7
www.arena-verlag.de

Auguste Lechner

Die Nibelungen

Die Geschichte um den strahlenden Siegfried und den skrupellosen Hagen, um die schöne Kriemhild und die starke Brunhild, um Gunther, Gernot und Giselher, um den Zug der Nibelungen und Burgunden an Etzels Hof und ihren ausweglosen Kampf – das ist mehr als eine Sage aus lange vergangener Zeit, das ist ein Roman, der auch heute noch zu begeistern weiß!

232 Seiten
Arena-Taschenbuch
ISBN 978-3-401-50022-5
www.arena-verlag.de

Auguste Lechner

Die Abenteuer des Odysseus

Zehn Jahre dauerte es, bis Troja durch Odysseus' List erobert wurde – zehn weitere Jahre braucht Odysseus, um wieder in seine Heimat Ithaka zurückzukehren. Berühmt für seine listenreiche Ideen, werden ihm zahlreiche Prüfungen auferlegt, ehe er wieder in sein Reich gelangt.

Arena
296 Seiten
Arena-Taschenbuch
ISBN 978-3-401-50023-2
www.arena-verlag.de

Auguste Lechner

Parzival

Aufgrund seiner höfischen Erziehung erscheint es Parzival als höchste Ehre, sich Mitglied von König Artus zu nennen. Und doch ist er zu noch Höherem bestimmt. Gralskönig soll er werden. Scheinbar zufällig findet er, der Auserwählte, die Gralsburg, die geheimnisumwitterte Burg des Lichtes und des Heils. Doch sein falsches Verhalten zeigt, dass er noch nicht würdig ist. Verflucht zieht er durch die Lande, mit seinem Schicksal hadernd ...

272 Seiten
Arena-Taschenbuch
ISBN 978-3-401-50024-9
www.arena-verlag.de

Auguste Lechner

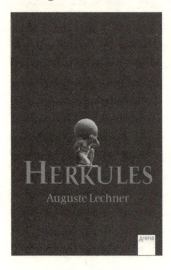

Herkules

Auguste Lechner erzählt in diesem Band die zwölf Abenteuer des berühmtesten Helden der Antike. Seine Kämpfe mit dem Nemeischen Löwen oder mit der Hydra, dem neunköpfigen Ungeheuer, mit dem Stier von Kreta oder schließlich mit dem Kerberos im Hades werden für den Leser lebendig.

232 Seiten
Arena-Taschenbuch
ISBN 978-3-401-50201-4
www.arena-verlag.de